书山有路勤为径，优质资源伴你行
注册世纪波学院会员，享精品图书增值服务

•项/目/管/理/核/心/资/源/库/

[美] 乔治·安德森 著
（George Anderson）

杨爱华 杨昌雯 译

项目集和项目管理中的设计思维

Design Thinking for Program and Project Management

电子工业出版社·

Publishing House of Electronics Industry

北京·**BEIJING**

版权贸易合同登记号　图字：01-2020-6438

图书在版编目（CIP）数据

项目集和项目管理中的设计思维 /（美）乔治·安德森（George Anderson）著；杨爱华，杨昌雯译. —北京：电子工业出版社，2022.10

书名原文：Design Thinking for Program and Project Management

ISBN 978-7-121-44189-9

Ⅰ. ①项… Ⅱ. ①乔… ②杨… ③杨… Ⅲ. ①项目管理－思维方法 Ⅳ. ①F224.5

中国版本图书馆 CIP 数据核字（2022）第 154956 号

责任编辑：刘淑敏
印　　刷：三河市良远印务有限公司
装　　订：三河市良远印务有限公司
出版发行：电子工业出版社
　　　　　北京市海淀区万寿路 173 信箱　　邮编：100036
开　　本：720×1 000　1/16　印张：12　字数：215 千字
版　　次：2022 年 10 月第 1 版
印　　次：2022 年 10 月第 1 次印刷
定　　价：59.00 元

凡所购买电子工业出版社图书有缺损问题，请向购买书店调换。若书店售缺，请与本社发行部联系，联系及邮购电话：(010) 88254888，88258888。

质量投诉请发邮件至 zlts@phei.com.cn，盗版侵权举报请发邮件至 dbqq@phei.com.cn。

本书咨询联系方式：(010) 88254199，sjb@phei.com.cn。

译者序

　　本书是我近几十年来读到的最新奇的一本项目管理著作。它与以往所有相关著作的最大不同是：作者既与读者分享自己几十年从事专业工作和项目管理工作的经验，又通过对经验的提炼，升级为项目管理方法论，使全书逻辑上形成一个整体，把 70 多种设计思维方法和技巧有机地嵌入了项目生命周期的各个具体阶段。这是一本全新的项目管理方法论著作。

　　把设计思维应用到项目管理中，可以达到提速降本和快速实现项目价值的目的，增强项目组织的灵活性和自由度。这与我们通常所说的项目策划相似，但又有所不同。以前，我们的项目策划重点发生在项目前期，而作者的项目设计思维是贯穿整个项目生命周期的，且随着项目生命周期的展开，各阶段的设计思维方法和技巧也会相应地发生变化。

　　作者在本书中设计了两条项目管理中应用设计思维的通则：通则一，最佳实践和普通方法；通则二，简单规则和指导原则。各行各业都在利用最佳实践去降低项目风险或加快项目交付。但在项目实践中，我们是否有必要都应用最佳实践呢？这是值得项目管理者思考的一个重要问题。也许当今的项目管理者陷入了一个误区：最佳实践就是我们管理项目的最好方法。现实项目未必如此！普通方法在什么是最佳和什么是可接受之间达到了更好的费用-效率平衡，并不总是为了降低成本，牺牲功能、质量甚至时间。项目的最终目的是用较少的成本按质量标准去满足客户的需要。如果用普通方法交付项目成果能接近最佳实践所交付成果同样的性能，并可以达到甚至超过双方确认的质量标准，为什么我们不选择成本更低的普通方法呢？这是一种非常实用的项目战术！简单规则和指导原则是用长期和更持续的途径探寻更快的决策和更清晰的战略。尽管规则和原则从总体上讲是战略性的，但每条规则、每个指导原则，都可作为我们进行项目管理的一种方法。本书中每章都包括了许多简单规则和指导原则，有的是作者自己在进行迭代，有的初看确实有些重复，但有助于读者提炼和思考本章的中心主题，也可借鉴或迭代到与本章相关的自己的项目管理实践中。

　　作者在项目文化和团队建设中的设计思维颇有新意，他吸收了系统工程方法论的经典基础方法——霍尔的三维结构模型，创造了一个文化骰子（文化的三维结构模型），即环境维、工作氛围维和工作风格维，并通过各维度间的文化要素的互动，来构建项目管理的文化基础。

作者在项目收尾中的设计思维也很有创意，除了把收尾工作看作验证项目价值的重要一环，还重点讨论了项目收尾后本项目团队的出路问题。除了常规的项目团队解散方法，作者特别提出了如何开发团队通过本项目活动积累的知识资源。要进行知识管理，做好文档收尾，也可利用现有项目团队承接本项目的二期工程（特别是 IT 项目中的系统升级），还可把团队整体转移到一个新项目上。这样可节省团队成员能力评价的成本，更可减少团队建设的时间和成本。

作者把项目过程形象地比喻成一次旅程，并构建了一张项目旅程路线图。这张项目旅程路线图不仅描述了从项目的这一程到下一程的路线轮廓，还特别标明了道路中存在的显现/隐藏的风险与潜在的陷阱。作者认为化解这些风险，规避这些陷阱，就可使项目走向成功。这张项目旅程路线图还提出了克服项目旅程中所有风险所需要的设计思维。

项目启动时，要规避员工招聘陷阱。能招聘员工吗？从何处招聘？是上一个项目转移过来、上级委派、同事介绍、本土化招募，还是给在岗员工增加角色？这些都是招聘员工中值得讨论的。招来的员工合适吗？员工的能力不足和能力过剩，都会给项目带来风险。这一风险可能导致团队无法完成交付成果。项目需要在合适的时间获得具有正确技能的合适员工。作者也提供了防御项目文化风险、项目治理风险、项目数据整合风险、项目预算中断风险、项目合同风险、项目发起人风险、项目变更风险和项目功效强盗风险等的设计思维技巧。在项目管理中融入设计思维，可帮助我们规避这些风险，避免许多代价高昂的弯路、险滩和死胡同，更快地到达项目旅程目的地。

作者通过对今天正在使用的五种设计思维模型的比较，优化并构建了项目集（项目）管理的设计思维模型：广泛理解、与用户共情、定义问题、构思及形成解决方案（原型设计、测试、迭代和构建解决方案）、向用户展示（或部署）方案。这个模型的核心是：以用户为中心。广泛理解用户的想法，深入了解用户的需求，明确用户的痛点和难点，找到用户真实需要的解决方案，并与用户一起实施解决方案。一切从用户出发。正如作者在开篇引用的萨提亚·纳德拉（Satya Nadella）的名言："一切事情的关键是共情，因为没有什么比设身处地地为他人着想更有效和更富有成果。"也许这就是实施一个项目的真正价值。

设计思维要关注的是人，他们是设计、建造和交付产品的用户，所以设计思维是"以人为中心"的一种思维。正如 Tim Brown（IDEO 公司的 CEO）所说，设计思维是"用以人为中心的工作方法去进行创新，用设计者的工具箱去绘制出这样一幅图景：将人们的需求、技术的可能性和商务成功的衡量标准整合在一起"。

我们现在所处的环境是模糊的和多变的，如何去理解这种环境背景，如何与用户共情，如何准确地定义问题，如何构建解决方案并部署解决方案，需要用一套特殊技术来武装问题解决者及问题解决者的领导，这套特殊技术就是设计思维。也许设计思维方法并不能第一次就做到完美，但它们能够以足够快的速度把握正确的方向，让各自的项目取得成功，帮助我们改变项目团队寻求理解、共情、思维和操作的方式，用简单规则和指导原则来驱动更明智的决策和更一致的执行。

作者的思维非常活跃，体现了他"速度胜于完美"和"构建中思考"的特点。书中内容看似有点跳跃性，有的地方，我们用意译完成了上下文的过渡，但有些地方保留了作者的原意，让读者自己去感悟。作者编书繁中求简，坚持"一图胜千言"，每章的开始都用一张总图引领读者理解本章的核心，并反复给出缩略词的全拼（为符合中文出版，仅在第一次出现时标注。——译者注），既方便选择性阅读者，又内在地保持了全书的逻辑一致性。

作者的主要经验在软件开发和系统平台升级方面。但正如作者所说："无论软件供应商或业务解决方案如何，你将会发现，设计思维和它的方法都同样有效。任何复杂工作的完成都得益于以人为中心的思维。"当现有的解决方案不能解决复杂和独特的问题时，就可尝试应用本书的 70 多种设计思维方法和技巧。

作者在资料的使用上，做到了广度和深度的平衡，可同时满足初学者、中级读者和资深项目管理者的需要，使得每章都有它适应的读者对象。这是作者把设计思维应用到本书编写中的一个最大特点。作者为本书写了一个很好的导读：为什么写这本书，为什么是我们来写这本书，本书适合的读者对象和学习本书的方法，本书的基本结构，本书没有包含的内容。读者可先读一下导读，然后为自己选择性阅读找到切入点。

作者在写作中一直想兼顾 Program/Project、Program and Project、Program or Project，为了句子处理更简洁，我们统一使用"项目集（项目）"。

本书的翻译工作由杨爱华和杨昌雯合作完成。

在这个快速变化的时代，速度胜于完美。长考会让我们错过许多决策的最佳时机。行动吧，做好项目可以从阅读本书开始！

杨爱华

yangah@buaa.edu.cn

序

在世界各地的公司中，IT 组织及其业务合作伙伴正努力使技术与业务需求保持一致，以产生积极的成果。这些成果包括更快的产品上市时间、更高的利润率、更简单的供应链和更好的产品质量等。尽管这些成果值得称赞，但我们都应该把重点转移到为技术服务的人及其更大的组织和系统上。

> 设计思维，就像本书中所描述的那样，应成为永恒的成果促成者，而不仅仅是最新的技术或管理时尚。

只有通过关注人及其需求，我们才能更好地实现这些成果。毕竟，设计思维最终是为人服务的，而不仅仅是过程和结果，因此，设计思维超越了我们反反复复看到的各种趋势和临时模式。

乔治非常熟悉给业务和 IT 带来挑战的场景。虽然他把自己的深度经验融进了本书后面的一些章节中，但他经验的真正价值是，他不仅采用设计思维作为个人成功的工具，而且把这些概念和方法转化为行动，并在世界上几家最大公司的一些最有力的转型项目集（项目）中取得了成效。

商业书籍通常做得很出色，就会设置一个众所周知的挑战，让读者惊呼："是的，完全正确！"然而，在很多情况下，许多书籍都未能为这个精心设计的问题提供一个持久的解决方案。本书为需要发生的思想转变提供了工具和基础，去创建必要的以人为中心的解决方案，去解决未来棘手的业务问题。乔治为我们这些处在商业和技术十字路口的人提供了方法，指明了道路。

David Driftmier

General Manager，Americas

导　读

> "一切事情的关键是共情，因为没有什么比设身处地地为他人着想更有效和更富有成果。"
>
> ——萨提亚·纳德拉

0.1　理解项目的复杂性和独特性

复杂性、模糊性和时间是解决难题的最大敌人。无论你的任务是在 14 个月内建造帝国大厦，还是在 3 年内交付关键的全球业务转型成果，完成大规模独特的项目都需要时间。随着复杂性和模糊性的增加，对时间的需求也在增加，共情加深，领导力增强，实验、冒险和学习的意愿等需求也在增加。

组织人员和资源来解决这些复杂问题和交付这些复杂问题的解决方案是项目集（项目）管理的工作。说实话，领导这项工作的专家应该较容易做好此事。毕竟，他们可以遵循一个成熟的和被充分理解的过程公式来按时和在预算范围内交付项目。

那么，为什么这么多复杂项目集（项目）会失败呢？（Cobb，1995）而在少数能够实现承诺的项目中，为什么又有那么多的项目集（项目）都延误了呢？更糟糕的是，为什么这些项目所承诺的利益要么在过程中逐渐消失，要么根本无法实现？我们似乎遇到了一场时间价值危机。

解决困难的和独特的问题总是非常艰巨的，领导和交付大规模的业务转型项目是很艰巨的，领导和交付支持复杂技术的解决方案也是很艰巨的。大约 50 年前，Rittel 和 Webber（1973）将这些艰难的任务描述为邪恶问题。这些问题似乎难以解决，从这个意义上说，它们是邪恶的。他们所处的环境是模糊的和多变的，这就使问题难以被准确地定义。潜在的解决方案随后就变得模糊不清，而且变得不完整。鉴于这些挑战，解决棘手问题不仅需要改变人们的思维方式，还需要改变他们的运作方式。用爱因斯坦的话来说，用制造问题的思维方式是无法解决这些问题的。

是什么使为超级复杂又独特的棘手问题提供解决方案时至今日还像以往一样困难呢？在一个缺乏耐心、期望又不断上升的世界里，我们如何解决困难问题？对于这些问题和需求，我们得到了如下一些启示：

- **管理期望**。解决复杂问题不是要在今天就形成完美的解决方案，而是要不断地学习，随着时间的推移，利用这些学习成果来改进不完美的解决方案。如果领导者坚持完美的解决方案，而用户也期待完美的解决方案，那么什么事都做不成。

- **理解**。从宏观的角度来看，如果团队不能描述造成问题的环境，他们可能就会完全误解问题，从而去解决错误的问题。

- **共情**。如果团队不深入了解解决方案用户的需求，包括将如何满足，那么解决方案可能根本不能解决问题。

- **模糊性**。理解真正需要解决的问题需要时间，也需要愿意在模棱两可中跋涉。团队必须适应"边学习边失败和边失败边学习"的工作思维，因为他们要努力寻求更多的理解和清晰的认识。

- **校准过程**。复杂问题的定义和解决方案的构思、原型和迭代，这些都不是可选的。目标是快速学习，完善团队对问题及其潜在解决方案的理解，并进行迭代。

- **构建中思考（Build to Think）的心态**。复杂问题不能仅仅靠"边思考边计划"来解决。相反，团队也需要对项目旅程做出承诺，并朝着目标出发，在构建、尝试和行动中开展更深入的理解和学习。

- **团队组建的多样性**。团队组建必须坚持思想、背景和经验的多样性。同质团队的思维受到限制，因此他们的创意和创新能力也受到限制。如果缺乏多样性，那首要工作就是解决多样性问题。

- **信任和文化智力**。边尝试边行动，随后是边失败边学习，这些都需要信任、勇气、文化意识或文化智力。不相互信任的团队无法完成透明构思或无私合作的艰巨任务，他们永远也不会真正成功。

- **以人为中心的领导**。如果以人为中心的治理、沟通和反馈是不充分的，或者团队被剥夺了学习和迭代所需的时间、支持和工具，那么最终的工作成果和其他转型成果也将不足。

基于上述观点，有必要开发领导者所使用的管理和治理技术，以支持团队通过"边尝试边行动"来寻找解决方案。那些正在进行领导工作、装备工作、管理工作和治理工作的领导者需要反复学习，就像他们的团队必须做的那样。那些不积极推动自己采用新方法的领导者，那些不完全支持团队通过边失败边快速行动来进行快速思考和学习的领导者，那些不与发起人、利益相关方、用户和其他人一起设定现实期望的领导者，永远不会帮助他们的团队解决最困难的问题。

> 解决复杂问题需要用一套特殊技术武装问题解决者及问题解决者的领导。

这些团队需要以一种程序化的和灵活的方式来操作，借鉴标准的项目集（项目）管理实践及以人为中心的规程来精练技术。我们的结论很简单：解决复杂问题和创建复杂问题解决方案需要有设计思维启发的项目集（项目）管理。

如果时间是我们的敌人，那么设计思维就是我们的后援。以人为中心或以用户为中心的操作方式为整个团队（从发起人和相关方到经理、业务主管、架构师、开发人员和用户）提供了以不同方式思考和更快交付所需的权限、基准和指导方针。设计思维为解决复杂问题提供了许多工具和技术。它有助于广泛地了解环境，与在该环境中操作的用户产生共情，确定这些用户的需求和问题，对潜在的解决方案进行原型设计和测试，快速学习和迭代这些潜在的和部分的解决方案，以构建一个可行的初始解决方案，最后，带着进一步迭代的意图向用户交付和部署可行的解决方案。要充分认识到等待一个完美的解决方案既不现实也不可取。

0.2　将设计思维运用到项目集（项目）中

为了显著提高成功率和时间价值，需要从根本上改变思维方式。这种变化体现在以人为本的设计思维中。在本书中，我们将 70 多种设计思维方法应用到标准的项目集（项目）管理过程中。我们探索了快速交付和全面交付之间的紧张关系，比较了通过迭代和增量更新交付的价值与通过规划长周期延迟的价值，也比较了最低限度可行的解决方案与试图提供的完美解决方案。

当走过项目集（项目）的各个阶段时，我们专注于取得学习成果，在这个过程中应用设计思维方法和原则。我们指出了在哪些地方使用这些方法来验证和核实项目集（项目）管理过程可以更快地得到更好的结果。

有些人可能把这种方法称为敏捷或创新。说实话，它实际上是关于放弃长期持有的项目集（项目）管理教条，代之以新的方法。新的方法可能与许多项目集（项目）领导人的方法不同，但它们实际上根本不是新的，我们的设计同事已经使用它们很多年了。这些新方法有时也会让人觉得有风险，但使用设计思维方法实际上有助于减少整个项目集（项目）失败的风险。

就我们的目标而言，为复杂问题提供转型成果和解决方案意味着：

- 用设计思维方法修正标准项目集（项目）管理的任务和过程，即我们围绕构建与交付解决方案或商务转换的任务和过程。
- 借鉴这些启发管理任务和流程的设计思维，以及他们提倡的"构建中思考"文化，快速开发和部署处理难题的解决方案。

> 全书中探讨的所有设计思维方法，都在附录 B 中做了详细介绍。

0.3 速度胜于完美

在引入新内容时，考虑收益递减的影响。因为做一些新的事情意味着变更，而变更产生的新工作方式和内容总是让我们难以适应。但变更和因此而产生的痛苦，确实是通往企业"长寿"的唯一道路，没有别的选择。关键是敢于开始变更（确认变更已经被接受）。有很多曾经稳固的组织最终发现，忽视变更的需要或推迟变更的时间是不明智的。想想西尔斯、Borders、百视达、雅虎、黑莓、RadioShack、Circuit City、玩具反斗城、柯达、施乐、Hostess、TiVo 等公司的故事吧（Aaslaid，2018）。

另外，也有很多广泛但痛苦的创新、再创造和转型成功的案例，如亚马逊、Netflix、纽约帝国大厦、微软、优步、特斯拉、谷歌、苹果等。

> 这些成功的案例证明，无论从网络书商或 DVD 零售商，还是建造 25 层的办公楼起步，都不会限制我们去实施变革，不会阻止我们努力奋斗和变得更强。

这些成功案例的真正有趣之处在于，它们并非完美无瑕的实操故事。它们的转型之旅充满了错误的开始、修订过的计划，以及糟糕的想法。在所有这些情况下，组织的领导者和项目集（项目）的领导者都尝试了，但都失败了，可他们都很快找到了正确的方向。他们并不是第一次就做到了完美，但他们能够以足够快的速度把握正确的方向，让各自的转型项目取得成功。

目前，超过 95% 的《财富》500 强企业都实施了积极的业务转型项目。那么，在这样的世界中，转型成败的真正区分因素就是时间价值，就像交付实际解决方案一样。毕竟，缓慢的转型就像缓慢的创新一样，几乎不会产生竞争优势，还会延误新的收入，并推高总成本，而不是降低总成本。

甚至，一个更重要的转型成败的区分因素实际上在于是否完成了转型。这里的理念是不仅要以一种方向准确的方式进行转型，而且要有转型速度，使转型早日完成。如果时间是真正的敌人，你怎样才能比竞争对手更快地转型，或者比原本的速度更快地转型？你可以通过借鉴成熟的设计思维技术工具包，并在这样做的过程中改变**管理和执行**的方式，去解决问题和交付解决方案。最后，当你在过程中交付价值并完成转型本身的艰苦工作时，如何以及在何处应用设计思维及其方法，实际上将变成你成败的关键因素。

0.4　为什么写这本书

交付一个业务或运营转型项目集（项目），不仅是一项巨大的工作，而且是一项巨大的投资。我们将帮助你思考和探索新的思维方式，辨识项目旅程中的每个陷阱。我们将教你在哪里和如何大胆地回避标准实践或增量变化，以支持战略革命，以及何时又要坚持标准实践或增量变化，因为它们实际上会让你更快地到达终点。我们将与你分享其他人会做什么，并解释你如何更快地做同样的事情，为你的用户带来更大的好处。

> 我们将向你展示，如果你将设计思维及其各种方法作为一种更快地交付项目集（项目）成果的战略时，你将如何获得竞争优势。

速度将在你的策略中扮演核心角色，失败也会如此。小的失败能教会我们学习和成长，并最终提高速度。你的战略基础将包括强大的沟通实践、多元化的协作团队、卓越的文化意识和文化智力，因为正如彼得·德鲁克所说："文化把战略当早餐吃。"你将学习如何借鉴当前的文化来取得最初的进步，同时塑造这种文化，以提高未来的效率和组织的寿命。你将改变团队寻求理解、共情、思维和操作的方式，并且将使用简单规则和指导原则来帮助驱动更明智的转型决策和更一致的执行。最后，你将学习如何有效地动员资源和执行计划，同时有效地治理、控制和监督项目进展，以提高趋势清晰度和加快取得交付成果。

> 你会完成很多人都做不到的事。

0.5 为什么是我们来写这本书

我们拥有丰富的经验，将我们视为你扩展团队的一部分吧！我们已经闯过你们现在正面临的惊涛骇浪，走过你们正面临的泥泞道路，犯过你们希望避免的错误，我们很高兴分享我们的经验教训。

> 通过本书，我们将会把你武装起来，让你以不同的方式去思考和操作。

这样，你最终会少犯一些错误，更快地冲过终点线。与使用标准的项目集（项目）管理过程交付成果相比，你将更快地交付真正的价值。

你仍然会知道管理大型的支持变革的项目集（项目）所带来的痛苦。但是，通过理解并将用户放在首位（一切的中心），同时应用这里介绍的设计思维方法，你将认识到时间价值和其他好处，它们可以弥补变革带来的痛苦。

0.6 本书适合的读者对象和学习本书的方法

如果你领导和管理他人，向他人交付或者以其他方式帮助支持大型或复杂的项目集（项目），你会发现本书很有用。本书的读者对象包括：

- 项目集（项目）经理和其他交付主管。
- 终端用户，特别是那些负责帮助头脑风暴、设计、评估和测试新解决方案的用户。
- 高管、发起人和其他转型项目的领导。
- 业务经理和分析师。

- 创新专家和设计专家。
- 变革管理专家。
- 架构师和顾问。
- 培训专家和其他教育工作者。
- 系统支持和运维专家。
- 学习设计思维的学生和有兴趣学习设计思维的人，他们愿意将设计思维原理应用到特定学科，以至于在其他地方也应用类似的思维或方法。

我们从未打算创建一份项目集（项目）管理文本，但是本书并没有偏离标准的实施（参见第 3 章）。除了几个例外情况，我们已经将我们的工作与美国项目管理协会的《PMBOK®指南》（第 6 版）保持一致。

这本设计思维著作的一个关键优点是，它反映了材料的广度和深度的平衡，满足初学者、中级读者和项目集（项目）专家。这样，每章都有它适应的读者对象。对于项目集（项目）管理或设计思维的初学者，请先依次阅读本导读和前 3 章。如果更有经验，你会很容易地做到选择性阅读，找到喜欢的章节，但至少要先读一下基础的第 1、第 2 和第 4 章。为了让你更专注、更少分心，我们加入了具体内容的热力图和数字，并在每个章节中反复给出了大多数缩写词的全称（而不是只在第一次介绍它们时）。我们希望这些实践经验对你有参考价值。

因为设计思维并非只适用于特定类型的项目集（项目），你会发现本书适用于各种行业或软件解决方案。我们的经验涵盖了微软、SAP、NetSuite、Oracle、Sage、Infor 等公司的技术和软件业务应用，以及一些定制应用开发平台。正如我们已经看到的，无论软件供应商或业务解决方案如何，你将会发现，设计思维和它的方法都同样有效。任何复杂工作的完成都得益于以人为中心的思维。

> 当复杂和独特的问题比比皆是，现有的解决方案无能为力时，就需要应用本书中的 70 多种设计思维技巧和方法。

0.7 本书的基本结构

本书分为 3 篇，也是遵循标准的项目集管理和项目管理的阶段而展开的。

第 1 篇，基本概念和基础知识。这一篇由前 4 章构成，为本书奠定基础。在这一篇里，我们对基本概念和基础知识做了介绍，解释了为什么要有设计思维，什么是设计思维。然后我们介绍了标准项目集管理和项目管理的基础知识。在第1篇中的最后一章，我们讨论了设计思维的简单规则和指导原则的作用与目的。

第2篇，项目准备工作。在本篇开始，我们集中讨论了沟通和文化的基本要素。然后我们将注意力转向创建有效且协作的团队。接着，我们以项目集（项目）计划的演练及随后的资源动员和总体准备结束了本篇。

第3篇，高效执行项目。本篇讨论了以一种比传统方式可能更快地实现利益和取得结果的方式执行项目集（项目）的艰苦工作。我们通过重复执行和迭代之间的紧张关系来学习和改进。接着，我们介绍了治理、控制和监督的含义。最后一章介绍了在确认已实现的价值、结束项目集（项目）及考虑后续工作等方面我们必须做哪些工作。

0.8　本书没有包含的内容

虽然我们在第3章中详细地介绍了项目集管理和项目管理，但是我们并没有探讨知识领域、过程组等细节。这些细节内容请参阅美国项目管理协会的《PMBOK®指南》（第6版）。此外，尽管我们在本书中广泛地谈到了业务应用程序和解决方案，但我们从未打算提供特定软件和特定服务的建议，也从未希望围绕特定软件系统或软件安装方法进行内容安排。同样，设计思维既不受软件供应商或技术供应商的限制，也不受方法的限制。

> 在这里，我们不是要考虑将设计思维应用到创建业务解决方案中，而是尽可能多地将设计思维应用到必要的项目集（项目）管理和治理过程中，作为广义项目集（项目）的一部分，更快、更好地实际交付业务解决方案。

0.9　现实世界的教训和设计思维方法

当最初讨论这个图书项目时，我们一致认为，在寻求（取得了不同程度的成功）加速复杂的多年的业务应用程序更新、操作系统升级和组织转型的过程中，分享我们多年来共同获得的经验教训是很重要的。因此，我们提供了真实世界的经验教训、真实的解释、需要避免的常见错误、在本书和实践中应用的设计思维方法的丰富附录，等等。我们认为，这些是有价值的参考资料，是实用的参考资料。

我们还想提供一种机制，让你能将本书中学到的所有知识和方法综合在一起。为了这个目的，我们在每章的结束部分都设计了一个正在进行的、带有问题和答案的虚构案例。这些问题不难，但有助于强化内容。案例研究本身是许多不同项目集（项目）的融合，包括突出每章材料的共同挑战和问题。

总之，我们的经验是真实的，是从全球各行业中的项目集和较小但仍然复杂的项目中收集的。设计思维在解决棘手问题和处理困难事情上的影响也是真实的。

目　录

第1篇　基本概念和基础知识

第 2 篇 项目准备工作

第 3 篇　高效执行项目

附录和参考文献

基本概念和基础知识

第 1 章

为什么要有设计思维
Why Design Thinking?

本章主要内容

o 欢迎在项目集（项目）管理中应用设计思维

o 克服项目旅程中的风险需要设计思维

o 为什么要有设计思维？灵活性和自由度

o 为什么要有设计思维？提速和降本

o 为什么要有设计思维？快速实现项目价值

o 斗争：平衡张力

o 短期思维：最佳实践和普通方法

o 长期思维：简单规则和指导原则

o 本章小结和本章案例研究

1.1 欢迎在项目集（项目）管理中应用设计思维

当今社会，在商务和公共组织中，实施大规模的商务改革和组织变革仍然是一项最普遍的任务。在这一任务的完成中，项目集（项目）扮演着重要的角色，它为组织怎样获取市场、怎样维护市场和怎样服务市场出力。在这一过程中，这些组织寻找的不仅是保持组织的活力，而且期望提升组织当前的商务能力，获取新的增长点，降低成本和提升竞争力。

> 最近几年，新业务转型活动大量涌现，聪明的组织相信，这种转型活动必将带来丰厚的回报。因为这种转型活动及其成本的很大一部分是管理和交付这些业务转型所必需的。

项目集（项目）管理（Program and Project Management，P&PM）是正在实施的组织变革和商务改革的护身符，为它们保驾护航。它有助于确保改革中正在变化的子项目确实是被设计、规划和部署的。没有项目集（项目）管理，也就没有商业价值的实现。

项目集（项目）管理工作是广泛的，包括管理所有的过程和任务及所需的各类人员，这些人员包括协助组织的商务专家、变革管理专家、IT 专家及许多设计和交付新的商务能力的其他支持团队。我们很容易发现，关注设计和人们的需求对这个团队是多么有用。

但是，项目管理团队是什么团队？确实，他们应该从关注设计中获利，也应该从关注人们的需求中获利。在项目集（项目）管理的真实世界中，开发解决方案和支持开发方案所需的管理费用间的界线是模糊不清的。

> 像电源线外的绝缘体，好的项目集（项目）管理能掩护和保护改革工作安全完成。

项目集（项目）管理就如保护套和绝缘体，而业务转型就类似于交付项目集（项目）价值和能量的内部电线（见图 1.1）。

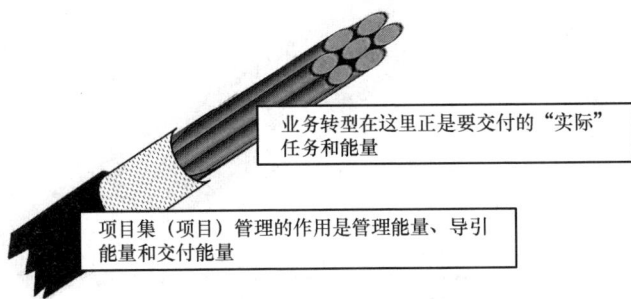

图 1.1　项目集（项目）管理中的能量管理、能量导引和能量交付

透过保护套和绝缘体，我们能看到 P&PM 是数据库管理系统的显现。P&PM 的工作和任务是类似于围绕着业务转型"实际任务"的数据工作，同样，元数据帮助描述和支持存储在数据库和数据池中的数据。这两种数据必须共存，任何一种都不能单独发挥作用。

1.2 克服项目旅程中的风险需要设计思维

没有规范的项目集（项目）管理，业务转型和其他大的变革活动就不可能平衡地实现。活动无法监督，活动费用也无法确定。P&PM 提供了必需的监督、培训、相关方期望管理、进度和范围管理与控制。总之，项目集（项目）管理使业务转型成为可能。如一份好的路线图，项目管理为管理解决方案的交付成果铺好了道路。这份路线图不仅描述了怎样从这里到那里的路线轮廓，而且标明了道路中存在的显现/隐藏的风险与潜在的陷阱（见图 1.2）。发起人组建、合同签订和人员招聘都会面临与沟通及文化等相关的挑战和机会，我们将会涉及遍布本书的这些陷阱和其他障碍。更为重要的是，要寻找方法去应用和注入设计思维，帮助我们克服这些障碍。

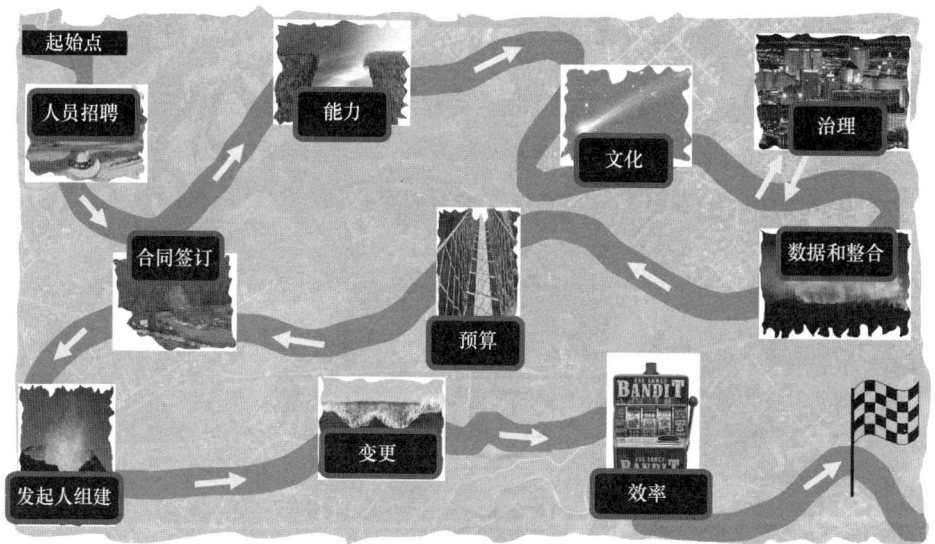

图 1.2 复杂项目集（项目）管理旅程图及旅程中的风险

这些风险与复杂且大范围业务变革的项目集（项目）管理紧密相关，但通过设计思维能更好地去利用或管理这些项目集（项目）。主要风险包括下列几个（排序不分先后）。

（1）员工招聘陷阱：直到核心团队角色被确定前，这个风险一直伴随在团队成长的道路上。要防止核心团队掉落在这个陷阱中。

（2）能力鸿沟风险：直到项目在合适的时间获得了具有正确技能的合适员工之前，这一风险可能导致团队无法完成成果交付。可靠团队的能力可以被视为一座引领我们在变革之路上迈过无数深渊和断崖的桥梁。

（3）文化风险：如果我们在借鉴当前文化和平行地塑造当前文化的积极工作中失败了，就会陷入文化风险中。为了最大化生产能力和创新，为了最大化有效地应用设计思维去构思的能力，为了最大化有效地应用设计思维解决问题的能力，为了最大化有效地应用设计思维迎接挑战的能力，要尽早地了解和塑造组织文化、项目管理团队工作氛围和个体文化。

（4）低劣治理实践导致分心的风险：这一风险最终会导致项目集（项目）管理团队涣散，团队成员离群，失去凝聚力。项目管理办公室（Project Management Office，PMO）拥有强有力的治理流程和经验，可提供必需的监控，保证团队和项目集（项目）管理正确前行。

（5）早期开始的数据大爆发和整合困难的风险：在项目集和构成项目集的子项目及其他项目之间因为数据问题和整合失败导致的潜在风险，会使项目拖延并积重难返，最终大爆发。这就意味着我们要对这些风险更早地给予持续关注和控制。进一步说，这些工作的复杂性总是要求我们把此类风险当作项目工作的组成部分认真对待。

（6）资金和预算中断的风险：这一风险会降低我们推进的速度，甚至使我们停工。项目集（项目）不仅需要启动资金，而且需要为项目展开后不可避免的变更留下专项预算。

（7）合同混乱的风险：如果合同如泥石流般混乱，就会使工作效率快速下降，甚至做无用功。

（8）"火山"爆发的风险："火山"随时都可能爆发，这就要求在项目集（项目）开始时给予项目可见的和积极的必要帮助。此外，优秀的发起人和好的发起支援能帮助我们躲过不可避免的"火山熔岩流"。

（9）变更风险：当我们调整程序或建立新的标准和流程时，这一风险每次都会悄无声息地潜入进来。如果我们不能有效地管理变更、借力变更和强化变更的正向作用，这种变更风险就会威胁到我们，如波浪一样卷走所有的工作成果。

（10）功效强盗（Efficacy Bandits）或阻滞剂风险：这一风险抢夺原本最终能

很好完成的项目集（项目）。一般功效强盗包括贫乏的领导和沟通，无效的过程、规则和原则，以及缺乏对变更和文化的关注。这些强盗悄悄地合谋，导致我们难以完成艰巨的任务。

1.3 为什么要有设计思维？灵活性和自由度

让我们回到核心论题上——为什么项目集（项目）管理中要有设计思维？首先，我们已经知道，传统的项目集（项目）管理不能给我们在解决大问题时怎样去工作的灵活性和自由度，也不能帮助我们厘清必然存在的模棱两可问题，找出要解决的正确问题，或给我们尝试、失败和再尝试的自由。相反，传统的 P&PM 遵循一系列的基本规则、标准和实践。

> 传统项目集（项目）管理强化过程的可重复性、严格的门径、质量检查点及其他类似实践经验。很明显，这些方法只有当问题和解决方案是明确的，且解决方案只需简单的计划和交付时，才能发挥最好的作用。

如果我们期望去克服复杂而独特的项目集（管理）中的风险，那我们就需要把事情做得更好（或找到一种更聪明的方法）。正如我们已经猜测的一样，现在正是激励设计思维介入项目集（项目）管理的极好时机。

应用设计思维去证明 P&PM 过程，依然允许我们从这些证明的过程中去利用可重复性和可预见性。但是，在需要的时候和地方，设计思维也给了我们解决未知问题、学习和迭代的方法、自由度和灵活性。总之，通过设计思维进行的项目集（项目）管理实践有助于我们实现项目交付。下面我们会有进一步的讨论。

1.4 为什么要有设计思维？提速和降本

通过学习和有意安排的修正，在项目集（项目）管理中融入设计思维可帮助我们规避风险，比我们原本计划的时间更快地到达目的地。因为目标实现得更快了，从我们能更早地把人员和资源转移到别的项目上而言，不仅节省了费用，而且使我们避免了许多代价高昂的弯路、险滩和陷阱。

1.5　为什么要有设计思维？快速实现项目价值

最大化自由度和灵活性是重要的，就如提高清晰度一样。降低成本和减少风险也是梦寐以求的结果。

> 就大多数组织而言，对"为什么要有设计思维"的最好回答是快速实现项目价值。

在到达商务转型项目集（项目）的终点线之前，更快地开始实现解决方案的价值，因为我们在边管理边交付中已经为这一解决方案投入了如此多的时间。沿着这一路线，在项目集（项目）结束之前，巧妙和有意识地应用设计思维帮助组织实现增量价值。

1.6　斗争：平衡张力

在非均衡状况下，设计思维也是快跑与慢跑之间的平衡张力。正如乌龟有时也能跑赢兔子一样，设计思维不会掠走我们选择可预见性和可重复性的机会。可重复性和可预见性很可能是聪明的决策或正确的答案。可重复性允许我们精确地移动，告诉我们如果用同样的方法一遍又一遍地执行，将很可能带着期望的结果一次又一次地结束在同一个期望的地方。

我们有时可能需要慢慢地走，以确保我们没有丢失关键的需求。同样，当 P&PM 过程以最佳成本或最低风险产生正确结果时，我们可能要重复利用这些过程。

另外，为提高时间价值，组织的需求将在其他情况下引导我们走得更快、学得更快，更快地进行原型设计和更快创新。践行良好的设计思维就是要明白何时需要调整流程去追求更清晰的问题定义或更有效的解决方案，何时需要选择可预见性。

1.7　短期思维：最佳实践和普通方法

各行各业都在谈论利用"最佳实践"去降低风险或加快交付，以及通过从其他最佳实践的学习中去降低成本。毕竟，对每个项目集（项目）来说，可能有好几百种方法可用，最终都可达到同样水平的结果。

但是，也许只有几种真正好的方法或只有一种最好的方法达到成功。这些首选的方法就是我们称为的最佳实践——一种或两种最佳的或首选的做特定任务（或解决特定问题，或执行特定过程）的方法。正是这些可预见性的宝贵经验和努力学习的即时洞察力和知识力量，为项目集（项目）提供了许多帮助，至少可使项目在成功的道路上继续前行。

做某件事，除了一两种最佳实践，还存在许多普通方法。

> 在同一条重要的道路上，普通方法与最佳实践的最大差距就是：普通方法在什么是最佳和什么是可接受之间达到了更好的费用-效率平衡。

尽管普通方法不如最佳实践那么有效，但它们更省钱。执行普通方法还是最佳实践，传统权衡思想考虑的是，为了降低成本，可以牺牲功能、质量甚至时间。普通方法总是比最佳实践花费更少。我们喜欢说，普通方法掉入足够好的桶里，交付了接近最佳实践所交付的成果同样的性能或质量，但成本更低。常规状态中我们也见到普通方法比最佳实践实施得更快，但交付了更低的功能或更低的质量。

选择普通方法而不是最佳实践的关键因素是理解你对风险或收益递减的偏好在哪。假设你的 X 产品的计划目标合格率是 96%，如果你能以原计划成本的一半使产品合格率达到 95%，而 95%合格率又是用户可以接受的，那么，你一定会选择这种好的处理方式，生产 X 产品时，使用成本较少的普通方法而不是追求"更好"的做法，因为最佳实践成本更高。

1.8 长期思维：简单规则和指导原则

总之，最佳实践和普通方法是具有超级价值的，但它们也仅仅表示的是某个时点的最佳和普通。时间约束是它们的局限。当环境变化、人员配置方式变化、财务条件变化、商务目标变化和技术进步发生时，最佳实践和普通方法也要随之变化。在设计和实施高速云存储系统的最佳实践中，最佳实践和普通方法每年都在变。例如，为了做好管理和培养工作，要考虑文化差异、领导风格、电话用户界面、记录紧密相连问题的整合系统及其他领域。

> 在制定简单规则和指导原则时，长期和更持续的途径是探寻更快的决策和更清晰的战略。

必须自始至终为你的团队或项目集（项目）管理制定和应用简单规则。这些规则定义了你们是谁，什么是重要的，什么不是，你们将要创造什么或做什么，你们将要与谁联系，联系什么内容，与谁一起工作，也许这些规则与时限或优先级相关。这些规则不宜太多，最好不要超过 10 条（6 条左右即可），它们成为你执行项目计划的路标或准则。简单规则也有助于定义和治理战略，具体细节将在第 4 章进一步讨论。

简单规则定义了谁、做什么、什么时候，而指导原则定义的是怎么去做。指导原则描述的是，你将怎样运作，怎样思考，怎样设置优先级，等等。它给我们提供了必要的保障，可以快速地做出明智的决策，而且符合我们的简单规则和总体战略。从图 1.3 中我们可以看出，最佳实践和普通方法是怎样与简单规则和指导原则一起合作工作的。

我们的指导原则："怎样"。

我们的简单规则："谁""什么事""何时"。

不像最佳实践和普通方法，简单规则和指导原则是准备为长期目标服务的，直到你调整好了团队、工作流程和项目集（项目）的焦点。因为指导原则集中在设计思维和执行两个方面，因此，本书的大部分篇章都包括了许多指导原则，有助于你提炼和思考这些篇章的中心主题。

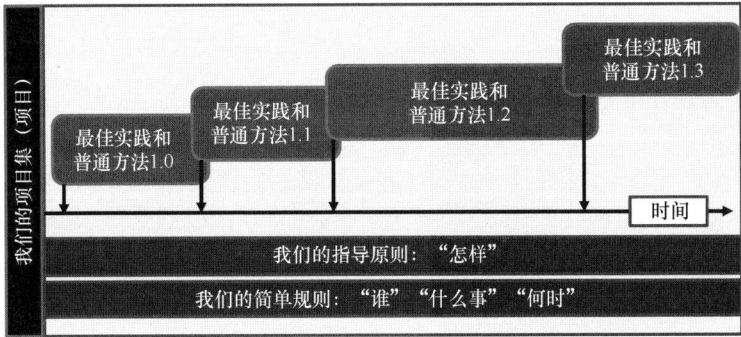

图 1.3　短期实践与长期规则和原则的比较

1.9　本章小结

第 1 章，在处理各种迫切需要解决的困难（依据复杂性、模糊性、时间和资源而定）问题和管理范围更大的项目集（项目）中，搭建了一个应用设计思维的舞台。为了更快实现价值，设计思维在这个舞台上扮演了重要的角色。同时，我们也认识到因此而面临的在迭代和快速学习与建立可重复性、可预见性和质量之间的斗争。

通过对最佳实践和普通方法各自局限的深入观察，我们对第 1 章进行了总结，介绍了制定和使用长期的简单规则和指导原则的概念（具体细节在第 4 章中展开）。

在本章中涉及的所有设计思维方法，在附录 B 中都做了详细介绍。

1.10　本章案例研究

你已经由你们公司——猎鹰高级航运公司（Falcon Advanced Shipping and Transport，FAST）的执行委员会留任，负责公司航运部的一项新业务的引进工作。FAST 正在横跨世界三大洲的 22 个分公司替换和扩展大量商务应用程序和其他功能程序。我们给这个项目集起名叫 Harmony——是一个全球业务转型项目，由三个子项目构成：用户关系管理系统（Customer Connections Management，即 CMM）、船运调度系统（Shipping for Velocity，即 S4V）和商务分析系统（Analytics for Business，即 A4B）。

委员会非常重视你对业务和运营转型工作的看法，特别关注项目集（项目）管理怎样获利，如何把聚焦设计的思维同样典型地应用到创建和交付新的解决方案中去。尤其是 CEO，他支持细化和调整公司标准的项目集（项目）管理过程，期望通过这个工作帮助 FAST 更快地获得和交付创新的商业成果。

为了帮助现场的执行委员会，要求 CEO 在你主持的答询会议上回答委员会围绕项目集（项目）管理设计思维的一些问题。

本章案例研究思考题

1．我们应该如何看待可能通过设计思维发布的解决方案，而不是围绕这些解决方案开发和交付的项目集（项目）管理？

2．在与大规模业务转型项目集（项目）相关的许多潜在风险中，我们期望遇到并通过设计思维战胜的五个风险是什么？

3．设计思维以何种方式赋予我们的标准项目集（项目）管理过程和方法自由度和灵活性？

4．对于"为什么项目集（项目）管理要有设计思维"这一问题的真正价值和答案是什么？

5．从时间框架或时间范围的角度看，最佳实践/普通方法和简单规则/指导原则之间有什么不同？

本章案例研究的答案参见附录 A。

第 2 章

什么是设计思维
What is Design Thinking?

本章主要内容

o 定义设计思维：用户中心思想

o 广泛理解：共情之路

o 深入了解用户，与用户共情

o 定义挑战和问题

o 为可用性迭代解决方案

o 向用户展示解决方案

o 设计思维方法的简例

o 用户中心思想的指导原则

o 本章小结和本章案例研究

在第 1 章，我们建立了"为什么要有设计思维"的基本框架，在本章，我们将探索设计思维有哪些构成内容，包括理解大的环境背景，与用户共情，定义问题，产生创意，设计原型，进行测试和迭代，以及展示解决方案。然后，我们探索设计思维方法和战略，包括根据以人为中心或以用户为中心的观念去建立一系列的指导原则。注意，不同的术语格式用粗体表示了设计思维方法、步骤或方法（主要内容和细节可参见附录 B）。

2.1 定义设计思维：用户中心思想

设计思维首先要关注的是人，他们是你设计、建造和交付的产品的用户。出于这个原因，设计思维也可叫作"用户中心思想"和"以人为中心"的一种思维。Tim Brown 是 IDEO 公司的 CEO，他把设计思维当作"以人为中心的工作方法去进行创新，用设计者的工具箱去绘制出这样一幅图景：将人们的需求、技术的可能性和商务成功的衡量标准整合在一起"（Brown）。

要想最好地理解用户的需求，就必须知道他们有什么需求，了解他们的心理状态，理解他们的生存环境、约束条件和最终目标。通过理解用户的困难和需求，并从用户的角度去看问题，我们能了解到问题的维度，然后才能设计出潜在的解决方案。

这种设身处地的理解，与一种更狭义或更特定的以人为中心的共情思维相混合，就是类似的"设身处地地为他人着想"或"将心比心"。总之，观察和真正地了解人们生命中的每一天是什么样的，可以帮助我们理解人们的工作、生活和需求。

> 尽管设计思维的方法与一些有效的方法不同（见图 2.1），但所有的这些方法最终要围绕以下问题展开工作：了解用户的需求、定义问题、构思一个潜在的解决方案并进行原型设计，测试潜在的解决方案，迭代该方案，最终找到符合需求的最佳方案。

在复杂项目集（项目）管理世界中，许多管理方法和模型尚未完成。为什么这样说？因为它们根本无法满足项目集（项目）管理的需要。

> 大多设计思维模型不成功的原因是未能把"设身处地地为他人着想"看作向在这种环境中理解用户迈出的第一步，或者跌倒在向用户展示解决方案并由此实现全部工作价值的最后一步。

许多设计思维模型都有测试过的解决方案，但还没有考虑去向用户展示该解决方案，并实现这个展示方案的价值和利益。

因此，为了实现目标，我们要集中在扩展设计思维上，在复杂项目集（项目）环境中怎样能更快地理解环境和用户、定义问题、迭代解决问题的思路或构建解决方案、展示这些解决方案，我们要对这些工作进行改进。为此，我们构建了项目集（项目）管理设计思维模型的 5 个步骤或 5 个组成要素（见图 2.2）。

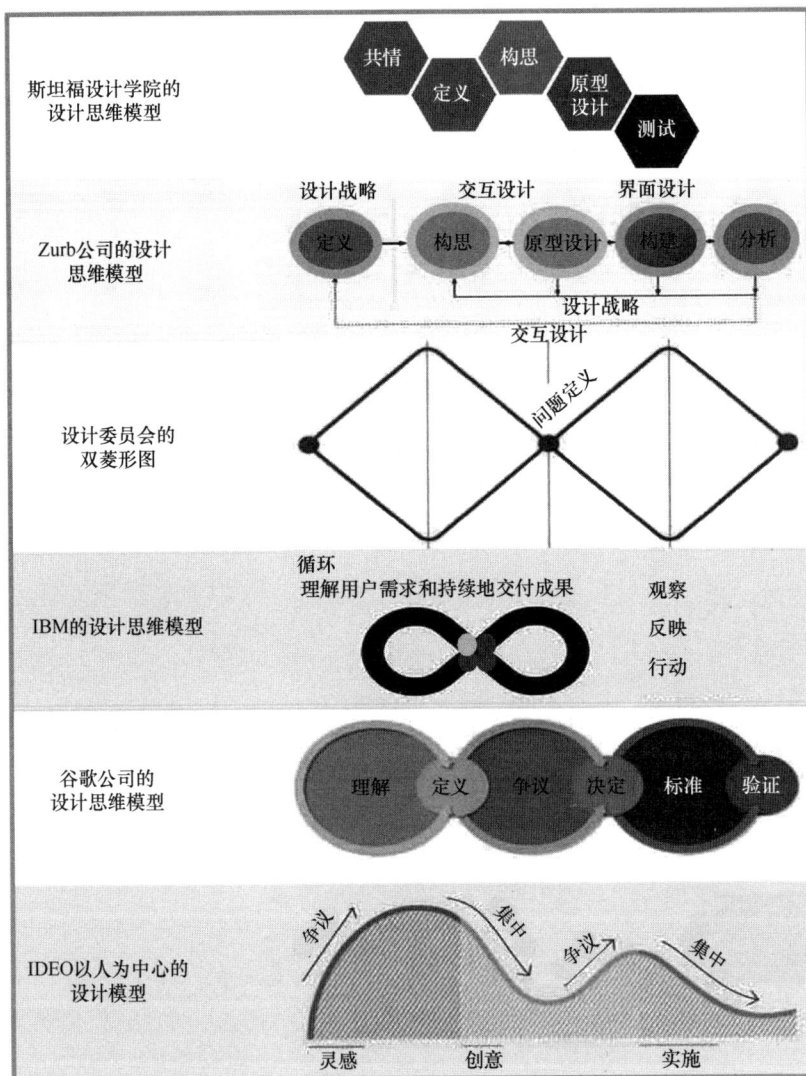

图 2.1　今天正在使用的几种设计思维模型（Elmansy，2018）

图 2.2　我们构建的项目集（项目）管理的设计思维模型

　　要应用设计思维提高我们通过转型项目集（项目）交付价值的速度，必须覆盖端到端的设计思维模型及其 5 个步骤，我们把这些步骤置于标准项目集（项目）管理的各个阶段的上方，如图 2.3 所示（我们将在第 3 章的项目集管理和项目管理的基础知识中详细展开）。也就是说，我们想要把理解—共情—定义—解决方案—部署的设计思维过程，应用到项目集（项目）启动、定义和计划、动员和执行、控制和监控、收尾和后续工作的各个阶段中。在项目集（项目）管理中，每个阶段都要求有这种设计思维的角度，因此，我们不仅要完成项目集（项目）的工作，而且要更快、更省、更安全和最符合质量标准地完成这些项目工作。

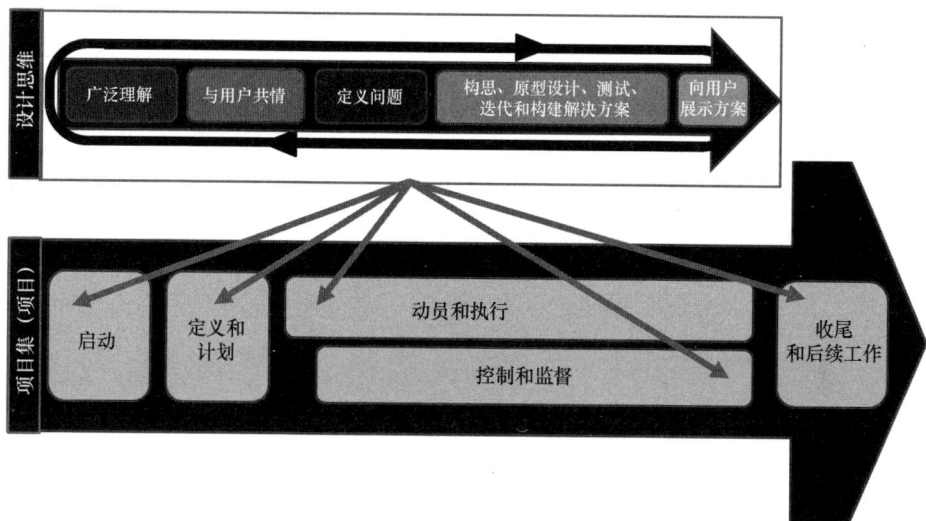

图 2.3　把设计思维模型应用到项目集（项目）的各个阶段

2.2　广泛理解：共情之路

　　如果设计思维是关于快速推进以达到期望的结果，那么必须理解围绕结果的状况或环境。我们必须广泛理解。

　　这样做意味着我们第一步要去探索用户社区更广泛的行业、环境、正在进行的或即将进行的经济或监管的变化等情况，以及其他微观或宏观的事情。我们需要去弄清以下这些问题的答案：

- 最终用户社区（或用户组织）的行业或蓝图（经济、问题和趋势）的健康状况如何？
- 哪种法规和合规授权是最重要的？
- 有哪些特殊的壁垒（如行业标准、工艺流程和质量要求）需要考虑？
- 什么是最相关的外部压力和变化（竞争压力、经济变化或法规问题）？
- 本组织在行业中的地位如何？
- 本组织与其他相似组织有什么差异？是怎样的一些差异？为什么会出现这些差异？

下一步，我们需要了解更多关于用户组织自身的知识：

- 什么是组织的总体愿景？他们期望谁来实现该愿景？为了实现该愿景，时间表是什么？
- 从财务、用户至上、工作和生活平衡及员工士气等角度看，什么是组织的总体状态？
- 组织是怎样对待外部压力和变化的？
- 组织的 10 项最特殊的业务（或运行痛点、挑战）是什么？
- 组织的 5 项最高战略业务（或运作战略、倡议）是什么？
- 关于这 5 个最高战略，组织正在保护而不是扔掉的传统战略是什么？组织注重该传统战略的金牛效益吗？应该给予该战略更多的保护吗？组织极度关注保持成本不超过上限吗？组织在什么方面采取的是逃跑战略而不是进攻战略？
- 后来，组织的战略是怎样实施的？发生了什么变化，或者将会发生什么潜在的变化？反过来，这些变化又是怎样影响战略的？

最终，我们需要去了解更多特定业务部门（Business Unit，BU）或我们将要一起工作的部门：

- 外部机构和内部机构对业务部门的看法如何？
- 业务部门的功能型策略和能力需要做什么调整？
- 当前的功能型能力交付怎么样？（或者说，这种交付能力达到了何种成熟度？）
- 对给定的项目集（项目），围绕特定业务或特定运行的变更驱动，有确认和重新布置的跟踪记录吗？
- 业务部门应变能力达到了什么程度？

- 业务部门的文化（或组织文化）推动或禁止变更了吗？
- "价值"意味着什么？怎样度量价值？
- 从领导和管理的角度看，业务部门有多稳定？
- 工作在业务部门的人，对他们的工作、领导、部门及整个企业有什么看法？

有了对这些问题的广泛理解和恰当回答，我们就能对特定观众、各种用户或所有重要的私人用户的日常生活有更深入的了解。下面我们来详细讨论这个问题。

2.3　深入了解用户，与用户共情

一旦了解了全局，我们还需要了解用户和团队的日常生活，因为解决方案和其他成果都是为他们服务的。请记住，在这种情况下，我们的"用户"可以是与 PMO 一起工作的人，或者是发起人，或者是将帮助我们测试的团队，或者是传统的业务系统中的最终用户，也可能是其他人。

> 永远不要忘记用户，在任何地方，我们都要替他们着想；哪里存在问题，哪里就有用户的需求需要我们去听取和理解。

假如我们的用户是项目集相关方，或者是项目管理办公室的职员，或者是执行指导委员会的委员，那么潜在的要解决的问题可能是像这样的一些形形色色的问题，如编制一份有用的项目集章程，或者编制一份模块化的项目计划，或者制订一个有效的实施沟通的操作性方案。

向我们的用户学习，不管他们是谁，他们在项目中扮演何种角色。向他们学习的方法和途径可能包括：

- 通过运用访谈、观察、每天的日常生活分析及相似的实时发现技巧，去了解在不同的场所（如办公室、仓库和工厂）的用户。真正地了解他们是谁，他们重点关注什么问题。请他们讲故事，这是最好地阐明他们的困难和需求的方法。
- 利用简便的调查和相似的异步发现工具，铭记当前的研究建议，仅需 5 个大小的样本，就可提供可靠的洞察力（Gay，2019）；样本大小超过 5 个，应答者显著减少。
- 创建一个用户角色（或用户类型）矩阵，帮助我们安排怎样进行和与谁进行特殊的面谈和调查等活动。

- 与用户一起讨论他们正确使用的工具（PMO 团队成员已经使用某些工具来跟踪里程碑、发布会议纪要、创建和监控项目管理计划及状态报告）。考虑这些工具是怎样发挥效用的，哪些工具可以或应该重复使用。

- 了解用户实际上是怎样与当前的工具和解决方案相互作用的（要求他们为你就当前的工具和过程做简单演示或示范）。

- 开放式问题和其他问题的询问技巧（第 5 章会对此做更详细的介绍）。

- 跟随一个或众多用户，了解他（们）的日常生活看起来是什么样子的，尤其当这种深入体验活动重复几次后，你就能确定他（们）日常生活中 80%～90%的活动是什么，仅丢失平常很少做的 10%～20%的活动。

- 把我们的深入调研和观察提纯后融入用户的旅程图中，有助于我们理解用户今天在使用什么工具，他们是怎样使用的，这些工具当前的好处和缺陷是什么，以及用这些工具每一步要完成什么。如此的一张旅程图，可帮助我们更好地理解工作完成前、工作进行中和工作完成后，用户是怎样相互影响的，对他们的工作有什么感受。

记住，这些设计思维方法在附录 B 中做了进一步的描述。一旦我们全面理解了我们的用户（"理解"不是真正的完成，而仅仅是进程中的一项工作），就可将我们的注意力转移到定义他们当前的挑战和问题上。

2.4 定义挑战和问题

在许多"寻找解决方案"演练中的一个常见错误是，没有真正地理解问题就很快跳到构建解决方案这一步。设计思维的过程迫使我们去考虑这个问题，对这个问题达成某种程度的共识，以及最终创立一个我们以后可能构建解决方案的问题陈述。

> 正是这种围绕问题定义的不断增加清晰度的概念，以及对我们正在解决（或在解决的途中）的正确问题的确认，给了设计思维更大的动力。

定义和记录将要解决的问题，这一步包括的内容有：

- 重新启用与我们的项目集（项目）相关的各种章程、愿景陈述书和工作描述表（假定这些文档知识依然是正确的），利用这些文档知识作为描述整体情况的基础并设置边界。
- 将通过广泛理解和与用户共情所了解的情况合并，为项目集（项目）管理构建设计思维模型。
- 提取用户的直接报价、详细报告、事例和其他反馈材料，归纳用户面临的挑战和难题。
- 将归纳的挑战和难题反馈给具体的相关用户，绘制出特殊的用户旅程图。
- 考虑用户或听众是怎样应对整个组织文化和团队（或工作）氛围等因素变化的。
- 利用"5 个为什么"等技巧去深入了解，然后把我们知道的提炼成一个严谨的问题陈述。
- 迫使我们全面地面对这些挑战和难题，在高阶主题的研究中，我们也会相应地提升我们的思考和问题陈述；也就是说，我们需要推动自己和团队去超越表象、深入本质。
- 为了更新问题陈述，提炼我们知道的大约 80%～90% 的日常生活中的普通情况和 10%～20% 的特殊或边缘情况，然后把洞察到的特殊情况揉进必要的更全面的思维中，重新定义挑战和难题。

尽管依然有许多问题，但我们应该在最初的问题陈述和更高阶主题上达成共识，认识到还可以在前进路上继续学习和不断精练。

2.5　为可用性迭代解决方案

初始问题定义后（事实上，此时复杂问题仍然是模棱两可的），设计思维的下一步或下一要素是朝解决方案努力。我们常常分解这种迭代工作，将其分解为不同的任务或子项。这些子项工作要协同展开，并相互沟通，通过迭代反馈循环，创建研究和学习的探索过程（Brown，2019）。这种迭代反馈帮助我们进一步细化并解决正确的问题，从而构建正确的解决方案。

我们喜欢把这种设计思维任务群或子项集叫作"解决方案雏形"，此时的目的是，在我们最终创建要给用户展示的初始解决方案之前，让方案达到可用性和细节的正确水平（要理解即使在那种情况下，给用户展示后，这个不完美的初始解决方案依然会通过改进的迭代继续提炼）。下面，我们将展开讨论这些任务或子项。

2.5.1　构思或头脑风暴

通常，构思也称头脑风暴（但它实际上只是几种构思方法中的一种），而构思工作是通过和围绕一个问题去宽泛地思考。有效的构思创意要求有好的设计心态。

> **构思是寻找解决方案的内核。**

我们也在寻找合成和精练（且可能重新定义）问题自身的见解。当我们在进行头脑风暴时，没有主意就是坏主意。特别要注意业务和组织转型、运行转型及其他复杂事务的复杂性。

迭代期间，想产生完整的解决方案是非常不可思议的，因此，即使能产生部分解决方案的创意也是特别受欢迎的。在短时间内，部分的和潜在的解决方案通常就是我们能做到的最好方案。因为这些部分的和潜在的创意和解决方案给了我们一个起点。而且，正是这些早期的通过构思/头脑风暴孵化出的创意，为我们最早的原型设计和方案构建工作提供了靠山（更详细的信息和其他方法可参考附录 B）。

- 我们能够为改善设计心态做什么？让团队成员聚焦问题的解决方案而不是聚焦问题。
- 我们是否通过使用思维导图和其他方法来组织和探索我们的想法？
- 我们是在做预检（Premortems，在项目开始前做计划时，对项目的好坏结果做推演练习）和类似的"事前思考"练习吗？我们是否在起跑线上就开始考虑项目失败或项目可能出现的问题，并绘制一份障碍表供项目团队参考？
- 我们是正在从"科布悖论"（Cobb's Paradox）和"科布矩阵/调查工具"中分享的经久不衰的知识中学习吗？我们是否将其作为一个基本的以用户为中心的创意工具？为了进行客观的创意和评估，我们是否应该使用其他调查工具来收集不同用户的评估和观点？

- 我们准备好以不同的方式深入思考了吗？例如，通过头脑风暴方法，我们不是试图正面回答问题或考虑真正困难的问题，而是要扭转疑问或问题，让团队思考什么会让问题变得更糟。这种逆向头脑风暴技术非常有用，因为团队可能"逆转"他们的想法，通过回答最初的疑问或问题来工作。
- 创意最终获益于通过快速原型设计、测试和迭代获得的反馈，并得到完善。我们要做什么才能获得反馈呢？

很难让人们以设计心态去思考和构建解决方案？考虑使用乐高玩具作为打破僵局的工具，在团队试图头脑风暴"真正的"问题之前，帮助他们进行创造性思考。给每个团队成员一个装有 50 个碎片的袋子，并指示他们与另外的人一起用碎片搭建一座桥。这种双重目的的练习打破了隔阂，促进或产生了合作，发展了关系，并最终达成了一种协同创新的简易模板。

2.5.2　原型设计

原型设计的概念是双重的。首先，我们要去练习"构建中思考"，而不是在试着构建某物之前才开始思考、计划和再思考。这个想法是，鉴于面临的模糊性，我们有很多东西要学习，所以，在早期的构建中寻求平衡，比与许多失败的原型设计相关的信口开河的工作更有价值。为什么？因为原型设计是关于早而便宜的失败（也可以更潇洒地说"早学便宜"）。

其次，我们要确保是真正快速学习和快速失败了，认识到改进时间价值就是一种速度游戏。我们失败和学习得更快，就能更快地把这些学习成果合并到一个原型设计的新迭代中去，或者是修正和创造一个全新的选项集，包括一个全新的原型。

> 原型设计有许多目标。我们正在学习，正在修正，正在测试新的选项，而且正在进一步报告对环境、用户、用户的问题和潜在解决方案性质的理解。

因此，原型设计是反馈循环的第一个来源，在这种情况下，跳出解决方案，回到设计思维的早期步骤。下面是一些可参考的原型设计方法：

- 开始做一些实际的事情。开始构建，帮助你更深入地思考。
- 收集并记录所有的使用案例或用户场景，包括典型的和边缘的使用情况。

然后选出 10 个最重要的案例。

- 预留一个大会议室，以方便创建和处理 10 个最重要的案例。设定一些基本的规则，营造一种设计和协作的氛围。
- 绘制、绘制、绘制——不断地绘制出思维导图、故事板、时间表、用户旅程图和组织结构图等。
- 勾画出或在白板上标出解决方案的数据流、工作流、接口等，将白板上的人物角色和沿途的团队相连接。
- 在白板或线框上，标注用户界面或交付成果。使用 Microsoft PowerPoint、Adobe Photoshop 或开发者工具箱去创造非功能性的"插图"和其他视觉效果。
- 白板方式促进了模块化思维和构建。为关键可交付成果审查现有的标准模板，创建高级模拟项目管理计划模块，或创建高级项目工作内容表，以便感悟到完成这些工作内容，需要什么资源，怎样在逻辑上做好安排。
- 让静态图形和图片活起来，以显示步进式运动或其他变化。Microsoft PowerPoint 仍然是快速模拟、动画制作和快速对设计、用例和故事板进行迭代的较简单和较方便的工具。
- 尽早向真实用户演示这些白板图纸、视觉效果和其他模型，以获得他们关于可用性、逻辑组织、完整性和整体易用性的反馈，并反思团队是否行进在正确的轨道上。

2.5.3 测试

测试是设计思维解决思路的第二步，也是最关键的反馈回路。通过测试，我们将了解原型设计与正确轨道的吻合程度，也将发现改进原型设计的机会，还将确认原型设计的能力和功能是否与满足需求存在差距。这些将促使我们回过头来看看，我们知道和理解了什么，我们怎样才能与用户共情，我们怎样调整问题陈述概念。

> 构建中思考，测试中学习。

为了有助于测试和学习得更好，下列内容要特别关注：

- 掌握几种方便可行的且以用户为中心的测试类型。我们最初的测试应该允许快速通过"测试—迭代—构思—原型和再次测试"的循环。

- 随着原型设计开始发展成更合理的解决方案，我们的测试也应该相继跟进，以帮助我们验证相关的边缘情况，并通过更详细的用例或用户场景工作。我们最终需要执行端到端流程测试、性能测试、可扩展性和"冒烟"测试、集成测试、用户验收测试，以及其他旨在帮助我们学习、迭代和确认的测试。
- 在原型和构建的解决方案进行多次迭代之后，我们需要进行用户验收测试，让用户有机会通过现实场景工作，并提供更多基于现实的反馈。
- 我们可能需要使用其他特定类型的测试来迎合特定的情况。提前考虑，确定怎样才能测试好这些特定的情况。
- 同样，我们需要将测试重点放在特定用户群、观众或相关角色；仔细思考并尽早识别测试所需的测试对象或用户类型，这样我们就可以对正确的人、恰当的时间表和合理的期望进行协调，绘制出用户旅程图。

最重要的是，要保持灵活性！我们要负责地通过测试来工作，但我们需要以一种有助于快速学习和进步的方式来这样做。保持日常治理和总体治理方便易行，有助于我们到达迭代、测试和再次迭代的位置，直到最终形成初步解决方案。这一点下面将展开讨论。

2.5.4　迭代和构建

可以说，设计思维最有影响力的一面就是通过迭代的力量最终形成解决方案。根据需要，可将测试积累的成果融入其他的创意思路、原型设计和测试的迭代中。

> 正是在迭代、重新测试和最终构建方案的反复过程中，我们调整了自己的思维和对问题的理解，并最终确定了合适的解决方案。

迭代作为构建的一个过程也允许我们：

- 清理和明晰用户的需求。
- 确认明显错过的新的和重要的边缘情况。
- 将后端和前端（业务或运营）导入设计变更，而这些变更仍然相对容易进行。

- 尽早调查和迭代方案的可用性。例如，当考虑新的用户社区和他们的需求时，我们应该考虑"包容性或敏感性设计"的影响。

- 快速制造最小可行产品（Minimum Viable Product，MVP，或者最小的解决方案），它可以向用户交付一定的功能或其他价值，同时仍在不断发展（通过增加迭代），形成最初设想的完整解决方案。

2.6 向用户展示解决方案

实际展示解决方案（在理解、共情、创意确认、设计、原型设计、测试、迭代和构建后）说的是呈现许多设计思维模型。

> 利用解决方案实现利益是我们的目的，所以，我们需要对模型中的最终一步给予特别关注：我们怎样向用户展示方案。

在大范围项目集（项目）管理世界中，展示方案可能是非常复杂的。因此，它要求对设计思维先做演练。对初学者来说，展示解决方案也需要做好计划，要回答下列这些重要的问题：

- 根据观众、特定用户、团队、物理位置、时区、语言、文化和当地天气，哪种变化可代表解决方案最终用户社区的意见？

- 最终用户社区具有怎样的成熟度和经验？存在不同的用户社区吗？

- 每个用户社区都有一个自然形成的老用户的二级组织吗？或者存在一个处于优势地位可首先接受解决方案的组织（这些组织与企业的未来愿景最一致，或将要承担风险和进行实验，或将要在解决方案的早期，在沟通和迭代中承担艰巨工作）？

- 在最终用户社区(或社区的二级组织)中,期望去学习和接受新鲜事物吗？

- 相反，对已经确定的需要进行变更存在障碍吗？

- 怎样使用和何时使用何种工具？在展示前会对最终用户及时进行培训吗？

- 在解决方案的最终测试和首次展示之间有多长时间？

- 在更广泛地推出解决方案之前（在原型设计和测试期间，为了进一步细化工作），我们能对少数用户进行一次展示排练吗？

- 解决方案应该以什么方法（巨大爆炸式，或波浪式，或环形式，或阶段式）

推出？对最终用户社区来说，哪种方式是最好的推出方式？考虑过时间节奏的限制吗？

- 直到解决方案完全部署到所有的用户之前，阶段部署将怎样影响其他可能需要保持同步的系统或过程？

- 在部署解决方案时，有灾难恢复或业务持续性计划需要安排、协调和推荐吗？

- 有特殊的"管制期"需要规避吗？例如，月底的财务系统暂停服务、关键的项目集（项目）里程碑点、项目团队的工作峰值负荷点或结束用户假期、季节性峰值（如黑色星期五或网络星期一）、其他随用户社区变化的竞争性和冲突性的部署，等等。

- 制定时间框架后（或在其他情况下），有能够影响部署解决方案这一项目集（项目）费用的财务约束和其他的约束吗？我们需要根据特定的时间范围去调整（或相反，去遵从）部署战略吗？

- 我们部署的新系统与当前遗留的旧系统之间存在依赖关系吗？或新系统与涉及系统升级的第三方系统之间存在依赖关系吗？或新系统寿命终止时，它与将要安装的系统存在依赖关系吗？这些都可能从资源、财务或其他角度对我们造成影响。

- 我们将怎样从用户那里捕获、综合及潜在地吸收他们的"寂静设计"反馈？

我们发现，最终系统部署的目标数据的实际运行状况，能够帮助报告这些系统部署过程中，哪些是兼容性的，哪些需要更清晰些，哪些可能是适合的。然后，我们需要将"构建中思考"原型设计的推出时间表和计划早早地发布，当团队在计划时间和做其他实验有空隙时，可以快速地对原型设计进行迭代。我们建议，在更广泛地推出新系统之前，风险最小的系统部署计划要包括在小范围的二级组织内试行解决方案的内容。

在实施部署计划之前，我们还需要考虑，在旧系统向新系统转换期间，怎样为用户提供支持服务。要做好这一点，需考虑下列问题：

- 我们有必备的新系统安装调试和维护的职员吗？他们拥有可用时间、技能、资质和必要的用于很好地服务用户的工具吗？

- 我们有能力捕获、监控和测量新系统应用的问题吗？这样做能够积累学习成果吗？"用户参与度指标"包含了用户在线数量吗？

一旦执行了计划，在解决方案部署中，我们就需要遵循与学习和迭代相关的设计思维原则。当然，也不要冲动地使用我们刚刚取得的学习成果来当场纠正部署工作！相反，我们需要集中关注实际交付物的价值，认识到通往完美的道路永远没有尽头。我们需要的准则是："行动实干可实现今天的价值，而学习积累能增加明天的价值。"

> 更新知识管理系统（经验教训登记册）。从用户那里学到的关于解决方案的知识，有助于我们在解决方案部署后对其进行改进。

2.7 设计思维方法简例

除了"构建中思考"，到目前为止，我们也概述了原型设计、测试和迭代的应用。我们在编写本书时，选取了 70 多种设计思维的技巧、策略、工具和方法（在附录 B 中做了详细介绍）。我们将把部分设计思维方法应用到项目集（项目）管理中。

- 根据时间范围调整战略。我们要考虑今天、短期、中期、长期这些时间范围，认识到长期愿景必须优先实现。
- 借道相邻领域。当我们对项目集（项目）的任何事项进行变更时，都要考虑怎样借道环绕着目前的流程、方法、工具的"空白领域"或概念性的相邻领域，有了这种想法，变更就更容易被接受或采纳，因为这些领域与目前的状况比较相似。
- 通过组合再生。考虑一下，如何以模块化的方式将新旧事物组合起来，其结果虽然"不那么新颖"，但更易让人们接受。
- 运用逆幂律。引入大量的小变化、少量的介质变化，以及极少量的主要变化（就像我们在生物学和自然中观察到的那样，如地震频率或生态系统的变化）。
- 采用包容性（或敏感性）设计。考虑在文化、价值观、生活方式和偏好背景下的用户社区能力，然后去思考与谁共情，如何设计和交付什么。
- 练习发散性思维。与其试图找到问题的"正确"答案，不如挑战当前的思维（或创意或设计），作为一种探索周围情况的方式。

- 参与协同创新。与合作伙伴、团队成员和用户一起实时地合作开发和迭代解决方案，一起编制和修订文件，以加速构建解决方案和进行测试。
- 规模效益。想想扩大工作成果的最佳方式，要么采用高度可重复的复制方式或特许经营方式，要么采用差异化方式或精品店方式。
- 使用预演排练。提前考虑哪些行为可能失败，然后制定缓解措施或用户参与措施，来避免这些失败。
- 考虑时间节奏。解决方案在使用中表现出韵律。了解解决方案使用的高峰和低谷，有助于仔细地安排人员和调整部署，创建最有效（影响最小）的推出策略。

虽然其中一些方法相当常见，但其他方法可能对你来说很陌生。我们将会在本书中介绍并应用上面提到的那些以及其他许多设计思维的方法和策略。

2.8　用户中心思想的指导原则

为帮助我们改善以用户为中心的思维或共情式的思维，可考虑使用或采纳以下指导原则：

- 广泛理解共情，了解历史，并对历史背景问问"为什么"。
- 并非所有用户都是相同的，并不是所有问题都以相同的方式影响单个用户。
- 上门拜访用户，然后带领他们一起行动。
- 在核心用户群体中尽早交付并快速迭代。
- "构建中思考"，而不是"思考中构建"，直到有必要再深入思考为止。
- 来自 5 个用户的反馈说明了团队 90%的需求。集中精力处理最典型的 5 个人反馈的问题。
- 深入思考和设计，让用户无须深入思考就能做他们需要做的事情。
- 用原型来测试假设并提炼问题陈述。
- 快速的失败就是快速的学习，廉价的失败就是便宜的学习。

2.9　本章小结

在第 2 章中，我们定义了设计思维，探索了一种思维模式，并将设计思维应用到了项目集（项目）管理中。这种模式在前端和后端扩展了典型的设计思维模型。在前端，我们讨论了广泛理解（环境）的需要。为了实现工作的价值，在后端我们讨论了向用户部署（解决方案）的需要。我们浏览了思维模型五步骤（或构成要素）的每一步（理解、共情、定义问题、解决问题和部署解决方案），最后结束部分介绍了将在项目集（项目）旅程中使用的一些设计思维方法简例。

在这里探讨的所有设计思维方法，也在附录 B 中做了详细介绍。

2.10　本章案例研究

猎鹰高级航运公司的业务领导听取了你的汇报，讨论了你在项目集（项目）管理中应用设计思维获利的设想，但他们要了解更多情况。某领导组织了一次会议来探讨你的这一想法，他们要求你通过扩展简短的问题列表去搭建解决问题的平台。

本章案例研究思考题

1．什么是项目集（项目）管理设计思维模型的五个步骤或五个构成要素？

2．为什么第五步（或最后一个构成要素）要增加到项目集（项目）管理设计思维模型中？

3．传统项目集（项目）管理的什么方面或阶段应该受到设计思维的影响？

4．在共情的内容中，"广泛理解"意味着什么？

5．关于原型设计，"构建中思考"意味着什么？

本章案例研究的答案参见附录 A。

第 3 章

项目集（项目）管理的基础知识
Program & Project Management Basics

本章主要内容

o 项目集管理和项目管理：交付价值

o 项目集管理的基础：战略定向

o 项目管理的基础：战术执行

o 项目集管理和项目管理的阶段

o 启动阶段

o 定义和计划阶段

o 动员和执行阶段

o 控制和监督阶段

o 收尾和后续工作阶段

o 本章小结和本章案例研究

好的项目集（项目）管理要为服务、能力或结果的成功交付奠定基础。尽管 P&PM 已经成熟，经过了时间考验和行业过程的应用，但本书的前提是，假设我们可以更有效地交付 P&PM，并能够更快地交付项目集（项目）的结果。本章为理解项目集（项目）管理的基础知识奠定了基础，以便我们可以反过来探索，将设计思维应用到项目的阶段和过程中的意义。

3.1 项目集管理和项目管理：交付价值

监督一个项目集（项目），包括管理大量的任务、人员、相互冲突的时间表和相互竞争的优先级。从在项目独特的文化和社会环境中有效地理解和工作，到驾驭政治因素，再到通过不同层次的人际关系和业务技能开展工作，等等，P&PM 面临严峻的挑战，即使经验最丰富的项目集（项目）管理专业人士也不例外。但一个简单而普遍的真理是，一个项目集（项目）必须交付其预期价值，使所有付出的时间和努力都值得。没有第二种选择。如果期望的价值真的正常交付了，那么交付这种价值所花费的时间和努力就值了；否则，就不值。如果付出努力都不能交付，那么明智的做法是早点完全放弃这个项目集（项目），把时间和精力留给其他工作。

3.2　项目集管理的基础：战略定向

正如我们所知，项目集管理与项目管理有所不同。项目集是组织为实现基础性变革而进行的规模更大且通常时间更长的努力。项目集充当了保护伞，覆盖了一系列相关的子项目，这些子项目一起努力，才能完成预期的基础性变革。

但是，面临风险的不仅仅是规模和范围的差异。考虑到关注的是影响根本的变革，项目集从定义上来说比从属于它的项目更具战略性。

> 可以把项目集看作战略性的保护伞，它关注广泛的价值和利益的实现，项目则是打算交付一组特定的能力或价值的战术任务。

项目集需要宏观的思考和仔细的资源调整，才能实现组织目标。项目集是怎样构成的，如何管理它的子项目及其依赖关系，实现项目集利益（如果这些项目集的子项目单独管理，项目集的利益将无法实现），是实现这些组织目标的关键（PgMP 手册，2019）。

项目集管理与其说是科学，不如说是艺术。管理一个项目集相当于管理以下战略性的项目集层级的过程和它的子项目。

- 战略管理：
—项目集章程。
—组织战略和商业论证。
—项目集路线图，包括项目集如何适应组织中更宏大的由各种项目集组成的项目组合和其他倡议。

- 利益管理：

—利益实现计划。

—利益移交和维护计划。

- 相关方参与和期望管理：

—相关方参与和期望管理计划及相关文档，包括相关方图谱与登记册和相关方分析工作表。

—维持相关方参与的程序。

—管理相关方期望的程序。

—度量项目集（项目）管理健康状态的技术。

- 项目集生命周期管理：

—项目集生命周期阶段，包括定义（启动和计划）阶段、交付（执行和监控）阶段及结束（移交和收尾）阶段。

—关键的项目集层次的运营过程，包括伙伴合作和沟通管理、经验教训总结、知识管理及其他内容。

- 项目集治理：

—项目集治理计划。

—各种治理体系的结构和组成部分。

—治理角色和责任矩阵。

—治理沟通计划，包括会议的频度和程序、进度和批准流程及决策和问题升级流程。

由此可见，一位项目集总监可能要管理几位正在交付各自项目的项目经理。下面将对这些项目经理的工作进行介绍。

3.3　项目管理的基础：战术执行

如果项目集管理是一种艺术，那么项目管理便是一门科学。项目管理是定性的，以过程和任务为导向，并且易于理解。管理项目等同于管理一组迭代过程，以启动工作、计划和完成工作，然后检查工作来确保质量（Anderson、Nilson 等，2009）：

- 项目受到范围、时间和成本三重约束或铁三角的约束。精准交付已经签订的合同内容，同时包括交付约束条件下协商变更的内容，一个约束内容的变更会影响其余的约束内容。例如，范围的扩大总是导致成本增加或进度计划调整，或者两者同时调整。

- 项目与其他项目争夺有限的组织资源（如人员、时间和预算），去完成旨在实现若干特定结果或成果的一系列特定工作。
- 项目是临时性的工作，而不是持续的运营工作，因此项目会因为各种原因而中止。

健康的项目是轻松自然地展开的，但不健康的项目可能过早地中止。导致项目中止的原因很多，如发起人兴趣转移、资金不足、核心成员离开、优先级变化、资源管理能力不足、需求不清、频繁的范围变更、无力应对需求变更、庸俗或无效的领导、粗糙的项目计划、低能的项目执行力、沟通不畅、高层领导的调整、终端用户的变化、项目预期结果或收益实现缺乏共识及其他相关问题。

> 项目需要完善的任务管理、勤勉的流程监控、积极的领导和优秀的治理。然而，经验和研究都表明，好的项目管理取决于优秀的项目经理为项目配备合适的人员。

什么是优秀的项目经理？在我们的经验中，优秀的项目经理能将沟通和有效的情境领导的任务管理技巧、人际交往技巧、个人勇气、成功地协调优先事项的能力及政治权谋相平衡。因为这种技能和属性的结合很难在一个人身上找到，"平庸的项目管理"一直被认为是失败项目背后的罪魁祸首之一（Cobb，1995）。

> 由美国项目管理协会编辑出版的《PMBOK®指南》（第6版）是理解项目管理内容和少量项目集管理内容的参照源泉。

3.4 项目集管理和项目管理的阶段

项目管理任务和过程被规划成许多分步骤的或以时间为导向的阶段。美国项目管理协会（2017）将这些过程叫作过程组（或相互关联的过程集合）。我们在这里对美国项目管理协会的阶段进行了调整和轻微的修改，以满足本书的需要（见图3.1）。

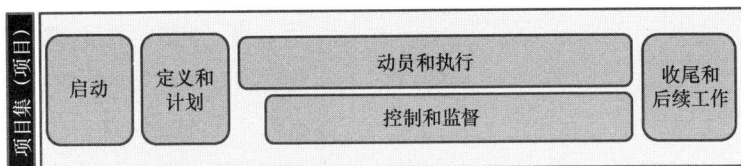

图 3.1　影响 P&PM 设计思维的 5 个阶段

具体来说，我们改进和广泛推荐的设计思维，既适合项目集管理，也适合项目管理：

- 启动。这一阶段包括的过程有：着手项目的前期规划和资源动员，就项目范围、超出范围的内容和其他基本实际情况达成一致。

- 定义和计划。这一阶段包括的过程有：确定实际需要完成的任务，将其分解为可实现的任务和里程碑。有时也把这一阶段称为绘制蓝图。计划过程组中的过程用于精练和细化初始阶段所设定的目标，包括实现这些目标所必需的具体任务和里程碑。

- 动员和执行。这一阶段包括的过程有：支持完成项目特定任务的"实际工作"。这些特定任务包括把履行项目管理计划所需的资源进行统筹配置。

- 控制和监督。这一阶段包括的过程有：跟踪项目，包括跟踪全部的项目范围、成本和质量；监督项目进程（比如，决定哪些任务排在计划的前面，哪些任务排在计划的后面，哪些任务要求增加支持措施或增加纠正措施）。

- 收尾和后续工作。这一阶段包括有效地结束项目的过程。收尾过程组包括描述正式接受整个项目结果的过程，意味着要使项目圆满结束。

下面的整合内容，虽然本身不是一个项目阶段，但它是构成项目集（项目）管理的第六个重要部分：

- 整合。整合包括执行和管理跨越整个项目集（项目）的过程、人员和知识，所有这些必须结合在一起才能实现价值；协调和连接子项目或其他工作流之间的整体工作；以项目集利益实现的名义做出明智或必要的权衡；理解并连接子项目与项目之间的依赖关系，或者理解项目集外部的依赖关系；最终交付一个能够解决正确问题的方案。

整合管理从启动阶段开始，并持续到收尾和后续工作阶段。为了简化起见，我们将整合看作项目集（项目）执行的一个重要部分。

所有这些阶段是包容了各种项目实施方法的标准,无论何种行业、位于何地、何种项目集(项目)类型。在随后的章节中,我们将在最具影响力的地方应用设计思维,更详细地研究这些阶段。当然,在本章的其余部分,我们会简要介绍每个阶段,以达成共识,知道世界上大多数人是如何应用这些标准阶段轻而易举地观察和工作的。

3.5 启动阶段

通常,根据 PMI(2017)的启动过程组,启动阶段正式批准一个新项目集(项目)。它必须完成的关键活动有:

- 与发起人(启动项目的人)一起确认项目,并与发起人就项目目标达成共识。然后,为了强化企业愿景、解决重大问题和战略问题及做出艰难的决策,定期与业务/运营团队和 PMO 领导团队会面。
- 颁布章程,正式确认项目集(项目)的业务/运营的需求,并将两者联系在一起。
- 确认关键角色和职责,确认主要时间表和满足需求的标准。
- 创建初步的范围说明书,包括主要工作定义和工作说明、企业/组织的基本信息、初步计划、需求及主要预期结果和可交付成果。
- 制定初步预算,在组织中全部项目集和项目所构成的更宏大的项目组合内,摆正本项目所有工作的位置。
- 着手进行确保关键资源的工作。

3.6 定义和计划阶段

美国项目管理协会(2017)解释说,计划过程组细化了项目目标,并迭代了启动阶段所确定的其他工作。为了我们的目的,定义和精练了对项目集(项目)潜在目的、要解决的问题、如何解决这些问题等的理解。定义和计划阶段确定了项目集(项目)的范围、标准和边界,并记录了关键的约束、日期、依赖关系和其他注意事项。

重要的是，一些关键的项目集（项目）管理计划是在此时制订的。这些计划聚集在一起，创建了交付项目集（项目）的总体计划或剧本。正如我们在其他地方提到的，这些计划包括总体项目集管理计划、治理计划、收益实现计划、质量计划、沟通计划，以及项目相关方参与计划。

这些计划工作中的许多内容在启动阶段的早期就已经完成，而且我们确实希望在早期迭代和提炼我们的理解。但我们必须注意，过早地进行过多的计划和迭代，在工作产品、计划等方面会产生一定数量的无效工作或重复工作。然而，究竟是早开始计划工作好还是晚开始计划工作好？毫无疑问，紧前不紧后，正如我们寻求从启动阶段加速到定义和计划阶段一样。当计划很难改变和项目相关方的期望更固执的时候，早期的理解使我们更有可能避免以后更多的返工。

3.7　动员和执行阶段

一旦项目计划基本完成，我们就需要动员资源和开始交付项目（项目）工作，包括的主要内容有：

- 对上一阶段转入的核心团队成员以及新招募的人员进行入职培训。
- 为了提高最终发现的清晰度或解决方案的清晰度（某些领域的清晰度必然随着时间的推移而变化），举办各种形式的研讨会。
- 在工作范围确定的同时，创建和管理工作产品开发计划和其他可交付成果开发计划。
- 对工作范围的变更进行审查和优先级排序。
- 获得批准的变更请求的签署，然后规划和实施。
- 必要时修正变更计划，以确保项目集（项目）的工作产品和其他成果满足一致同意的标准、时间表和预算的要求。
- 当确认或识别到新的风险时，主动更新风险管理计划。
- 主动处理项目问题（识别风险）。
- 执行大量的整合管理工作，或者管理过程、知识和人员的整合，明白这种整合和连接的工作必然贯穿整个项目集（项目）全生命周期。

整合管理要求项目集（项目）经理识别、定义、合并、统一和协调各种过程和项目管理活动（PMI，2017）。正是通过这种洞察力，项目经理才可以做出更明智的资源分配决策，平衡相互竞争的需求，考虑替代方法，细化流程，并最终更好地管理无数的外部和内部依赖关系。

更宽泛地说，管理项目执行意味着收集做什么和如何做的信息，如果工作已经完成，要安排好后续工作；如果工作可能提前完成，要跟踪总体的进度偏差，并将这些偏差、其他变化及新的或更新的依赖关系重新绘制到关键里程碑图和总体时间表上。

在项目执行期间，关键的任务是跟踪影响项目集（项目）关键路径的工作是怎样变化的，或者对整个项目工作体系来说，必须完成的一串任务是否在约定的质量水平上按时并按预算完成。

3.8 控制和监督阶段

一旦项目集（项目）在进行中，就有必要监督、控制和治理它的交付情况。我们的目标是确保正在进行的工作是与计划保持一致的，并且可交付成果和工作产品是根据工作范围交付的（或者说假定满足了项目相关方的期望）。所谓的治理或监督，就是控制和监督阶段，由实时、每周、每月三种监督和控制形式组合构成。关键活动包括：

- 跟踪和管理工作范围（所有增加和减少的范围，必须经过变更批准）。
- 确保预算和成本都在计划中。
- 验证工作产品的质量。
- 跟踪计划执行的偏差情况。
- 与相关团队成员和相关方一起分析偏差产生的原因，并根据实际状况做出纠偏的决定。

项目在范围、进度、费用、资源和其他方面的偏差是不可避免的。这些偏差中的许多都可以由 PMO 或当地领导团队来解决。然而，要想快速解决重要的和难以解决的问题，则必须快速上报给适当的高层管理者。这种问题升级不但是预期中的，而且在正常的环境下也是正当和健康的。

不要害怕将问题快速升级到高层管理者。根据我们的经验，高层管理者是喜欢听取下级汇报的，这便于他们去扮演打破僵局的角色，并做出艰难的决定。所以，有困难找领导，越早越好。

监督和控制驱动了对项目集（项目）成功交付所需的许多治理机构的需求。治理机构的范围很广，PMO 本身、架构和技术审查委员会、各级指导委员会、其他的执行委员会、变更审查委员会和特殊目的委员会等。

有趣的是，大量失败项目集（项目）的原因可以追溯到没有及早请求高层治理机构来做艰难的决定。

> **永远不要让延迟的决定来剥夺纠正偏差和完成任务的能力。**

3.9　收尾和后续工作阶段

美国项目管理协会（2017）告诉我们，收尾过程组包括的执行过程是，正式关闭并最终终止或"收尾"项目计划和工作范围中描绘的所有活动。换句话说，执行那些正式关闭开放活动的过程会导致项目正式结束。为了设计思维的目的，特别是关于项目集设计思维的目的，我们已经扩展了收尾活动，也包括"下一步怎样办的思想"。这样做可以让我们考虑如何利用已经构建的成果，如何进一步利用构建这些成果的团队，所有这些都是以"后续工作"的名义进行的。

要记住的最重要的事情是，项目集（项目）不收尾，在项目进度中的任何最终工作产品都不会成功发布。通过利益相关方核实工作范围，收尾工作才能正式进行。项目集的收尾工作比项目的收尾工作更多，因为它包括：

- 确认战略已经实现（或者战略仍在通过其他工作合并到另一个项目集或项目组合中⋯⋯如果这是计划好的）。
- 确认项目集的利益已经实现（或按约定仍在进行中）。
- 确保最终的沟通信息已经共享。

在验证项目交付物价值、实施项目收尾和安排后续工作时，如何应用设计思维，有哪些重要步骤，我们将会在本书第 12 章中详细介绍。

3.10　本章小结

本章为项目集管理和项目管理奠定了基础。我们概述了项目集的战略本质和项目的战术地位。然后介绍了重要的项目集（项目）管理概念，以及每个项目集或项目的五个过程组：启动、定义和计划、动员和执行、控制和监督、收尾和后续工作。

我们概述了整合的重要性，把它看作贯穿执行过程的第六个项目组（认识到了过程、人员和知识的整合实际上在项目集或项目的早期就开始了）。在随后的章节中，我们将在本章的项目集管理和项目管理的基础上应用设计思维。

我们将要应用到的 P&PM 中的所有设计思维方法，都在附录 B 中做了详细介绍。

3.11 本章案例研究

FAST 公司最近建立了 Harmony 项目集的 PMO，新近任命的项目集总监要求你回顾团队对项目集管理和项目管理的理解。

本章案例研究思考题

1．比较项目集管理和项目管理，哪个需要更多的战略？哪个需要更多的战术？

2．根据 PgMP 手册，什么是项目集层级过程中或项目集管理关注的管理领域中的五个战略？

3．在本章中，受设计思维启发的项目集（项目）管理的五个阶段是什么？

4．控制和监督项目集（项目）的一个关键方面涉及潜在的问题升级，重大的或难以解决的问题何时、向谁汇报？

本章案例研究的答案参见附录 A。

第4章

简单规则和指导原则
Simple Rules and Guiding Principles

本章主要内容

o 通过简单规则了解我们自己

o 简单规则的几个例证

o 通过指导原则有效地应对变更

o 创建简单规则和指导原则的原则

o 本章小结和本章案例研究

正如我们在第 1 章中概述的，为什么要有设计思维？最佳实践会随着时间的推移而变得陈旧，而普通方法更多的是与生存和现状保持一致，不是驱动变革。简单规则和指导原则能给我们的项目集（项目）提供发展和长期生存所需的东西。为了集中精力在正确的时间做正确的事情，我们需要建立一套简单规则，描述"谁"、"做什么"和"什么时候做"，并遵循一套指导原则，说明整个项目集（项目）生命周期"如何"思考和运作（见图 4.1）。

项目集（项目）有明确的目的、独特的个性、清晰的界限、清楚的时间范围和独特的文化。它们是独一无二的。我们的简单规则和指导原则有助于克服所有这些独特性。这些规则和原则将模糊性和复杂性条理化，帮助我们了解自己，并做出更明智和更快的决定。

> 简单规则和指导原则为项目集（项目）提供了保证，它能够在执行、决策和优先级安排上保持一致性。

这些为管理项目制定的简单规则和指导原则是如何应用的，是第 4 章的核心内容。

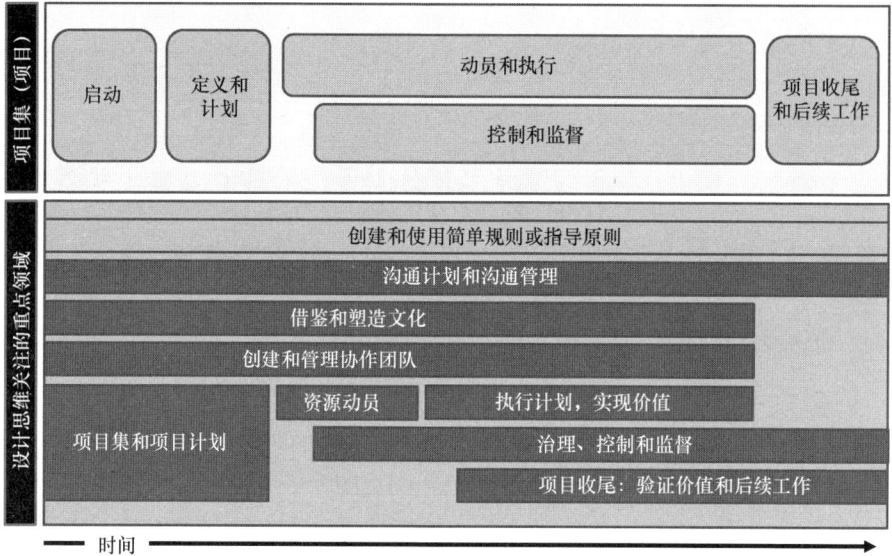

图 4.1　管理整个项目生命周期的简单规则和指导原则

4.1　通过简单规则了解我们自己

简单规则帮助我们把"我们是谁"定义为一个项目集（项目），并使我们的目标与实现这些目标的视角或手段一致。我们在组织的任何层次都使用简单规则，从项目集到子项目、工作流、特定功能团队和虚拟团队。因此，简单规则可以应用于项目集本身、PMO、解决方案开发团队、解决方案测试团队、集成团队、数据管理团队、安保团队及其他团队。这些简单规则可能包括：

- 我们看重什么，它们的优先级是什么。
- 何时开始。
- 何时暂停。
- 谁扮演什么角色。
- 我们做什么和不做什么。
- 为了测量有效性，我们要做什么。
- 我们的输出成果看起来像什么。
- 为了创造和测量这些输出成果，我们要做什么。

- 我们外表上看起来像什么。
- 我们何时会创造出例外结果。

4.1.1　创建简单规则

简单规则最好与寻找"我们自己是谁"的核心团队，通过上面提到的那些问题，在进行头脑风暴或编程马拉松时一起制定。这不是一个自上而下的工作或单独努力可以做到的。

> 创建简单规则的实践活动需要由执行并遵守这些简单规则的团队来完成。

最初发现 30 条或更多的简单规则是很容易和正常的。然而，在以简单规则为中心的头脑风暴会议或研讨会结束之前，我们的目标是将这些规则提炼成更高级的主题，这样我们就可以将规则的数量减少到 10 条左右。

有了第一批 10 条简单规则，那么，我们就应该开始按照这些规则行事（构建中思考），在几周内精练规则，在理想情况下，确定 6 条或更少的简单规则来使用。

我们还应该思考，随着时间的推移调整这些规则意味着什么。当组织和团队在一个项目集（项目）的各个阶段推进时，修正是正常的。但在大的项目集（项目）中，特定功能团队内的这种调整可能不会超过一次。团队越专注于任务，通常简单规则就越静态。

4.1.2　突破瓶颈

除帮助我们弄清楚我们是谁、我们何时行动、我们代表什么之外，简单规则旨在为团队提供指导，围绕必须做什么来突破瓶颈。

> 简单规则可以帮助我们更有效地突破瓶颈，提高速度。

简单规则能让我们更快地做出决定。例如，如果我们正在管理一个项目集（项目），重视通过原型来学习，并在这些原型上迭代来调整学习成果，那么管理缺位或人员不足的原型团队就会成为实现结果的瓶颈或障碍。同样，如果我们遇到资金或预算瓶颈，一套简单规则可以帮助我们快速做出反应，并与我们的核心信念或经营原则保持一致。

4.2　简单规则的几个例证

在本节中，我们将介绍几个现实世界组织所使用的简单规则。我们的想法就是去创建简单规则，帮助我们闯过潜在的路障或其他瓶颈，否则会多走不必要的弯路，减缓前进的速度。

4.2.1　例证1：一个受欢迎的摇滚乐队

为了习惯于制定简单规则，让我们着眼于一个异想天开但非常真实的简单规则的例子——由摇滚乐队酷玩（Coldplay）制定的一系列规则。乐队在成立之初就制定了一系列简单规则，以帮助记录和推动始终如一的艺术过程和一系列音乐成果。他们的规则有：

1. 专辑必须不超过42分钟或9个轨道。

2. 制作一定要惊人，丰富但有想象空间。不是分层的，更少的轨道，更高的质量，更多的摇摆。鼓点和节奏对全神贯注是最重要的。

3. 计算机是一种仪器，不是记录工具。

4. 意象必须是经典的、丰富多彩的、不同的。

5. 在确定发行日期之前，确保视频和图片是清晰的，并且具有高度的原创性。

6. 总是保持神秘，少接受采访。

7. 节奏、摇摆节律和声音必须尽可能原创。

8. 促销/评论复制要用黑胶唱片。禁止复制，声音和品相要更好。

9. 杰奎琳·萨布里亚多（Jaqueline Sabriado），英国全国防止虐待儿童学会，做前封面。

10. 考虑如何处理慈善账户。做一些小的但真正有能力做的和建设性的事情。

虽然10条规则比推荐的6条规则要多，但通过这些简单规则，乐队在声音、输出和特定受众吸引力方面保持了显著的一致性，同时保持了非凡的个性和高水平的创作。

4.2.2 例证 2：一家大型牙科用品公司

一家大型牙科用品公司制定了一套简单规则来帮助它考虑哪些潜在用户（牙医）可以继续购买本公司用品。在评估了自己的用户数据库后，它发现，目前 10% 的牙科用户占了公司收入的一半以上。该套简单规则相当于识别了共同特征，帮助公司扩大了高利润用户的基础。

1. 公司只针对拥有自己诊所的牙医。
2. 公司的目标牙医的理想年龄是 35～55 岁。
3. 公司针对的每位牙医都应该能够承诺每年订购 1 万美元的产品。
4. 理想的牙医目前负担的 1 万美元牙科材料资金不到牙医财务收入的 5%，因此有能力与公司合作。
5. 理想的牙医必须参加公司专门的培训课程。

在实践这些规则一个月后，公司发现第一条规则并不重要，也发现了承诺 5000 美元而不是 1 万美元的能力几乎是相同的预测因素。公司通过对现有牙科用户服务方式的最新研究，还补充了一条规则："理想的牙医应该有一个网站。"执行修正的五条简单规则一年后，该公司在竞争激烈的市场实现销售增长 42%。令人印象深刻！

4.2.3 例证 3：一家全球性的制造商

一家全球性制造商制定了一套简单规则，帮助他们对设计、开发和推出复杂的用户关系管理程序的工作进行优先级排序。在高层，公司的领导团队需要项目团队以结果为导向的方式来执行项目，把定期交付价值和其他可操作的成果当作关键检查点。制造商和系统集成商一起工作，总结了以下简单规则：

1. 首要任务是取得成果。所有其他与成本、进度、资源、质量、培训和价值相关的优先级都必须支持首要任务。
2. 设计、开发和推出当前范围内的解决方案为王。只有在部署了当前的范围内容后，才可以探索空白领域。
3. 将每 6 个月向业务部门交付可用价值，并争取至少每季度增加价值。
4. 将有意地快速创建原型，以便更快地学习和提供价值。如果从未失败过，那就说明行动得还不够快。

4.2.4 例证 4：写作本书的简单规则

一旦写作提议和写作大纲确定后，我们就使用了一组简单规则来完成本书的写作。

1. 每章至少包含 8 页，但不超过 15 页。

2. 章节只会深入两个层次/或只设二级标题，以使复杂性最小化。

3. 词语容易被全球不同的读者理解或接受。

4. 内容是格式化的，以便读者快速理解和领会。

5. 内容要与美国项目管理协会《PMBOK®指南》（第 6 版）一致，除在设计思维驱动的情景下，做了一点添加或轻微的调整。

6. 在创建"可交付成果"的过程中，团队将反复使用设计思维模型和特定章节的设计思维方法，通过迭代结构和章节内容进行工作。

将本节中提到的例证视为思考和构思的起点。尽早将团队聚集在一起，开始起草团队的简单规则。记住，在开始之前不要想得太多太久。先有后好，动手起草吧！

4.3 通过指导原则有效地应对变更

指导原则只有简洁的一行字，但它起了通用"护栏"的作用。这些"护栏"就像真正的公路护栏一样，让我们集中注意力在车道上。指导原则反映了价值观（核心价值观），包括卓越的运营、透明的决策或诚实的交易。

> 指导原则是描述我们以及我们每天如何工作的不可协商的价值观和特征。

因此，指导原则不应随着时间的推移而改变太多。在本书中，指导原则关注的是我们"如何"执行或操作，而不是我们"是谁"。一个好的指导原则是由核心价值和反映我们世界的动词结合而成的，如：

- 我们以透明的方式执行。
- 我们诚实经营。

- 我们致力于实现卓越的运营目标。

正如我们前面所介绍的，让我们创建简单规则来描述我们"是谁"和"我们看重什么"。然后，我们可以制定和应用指导原则，把"如何"和描述我们如何实现目标和服务的动词组合起来。

4.3.1　变更应对

我们在本书中提供的指导原则帮助我们在项目集（项目）路线图中快速跟踪思维并做出与组织一致的决定。把制定指导原则作为起点。如果我们为项目集（项目）建立了一套正确的指导原则，就可以迅速地对战略、环境、人员配置模式等方面的变化做出反应。指导原则告诉我们，要先走一步，避免浪费宝贵的时间。当我们为项目集（项目）、工作流或团队寻求做出并实施正确的决策时，指导原则帮助我们迅速获取帮手。

4.3.2　探究理解

麻省理工学院资深学者库尔特·列文（Kurt Lewin）指出，理解某件事的最佳方式是去尝试改变它。假如你这样做，反对的用户就会帮助你理解为什么当前状态是良好的，以及为什么更改是不必要的。相反，其他用户也会蜂拥而至，解释为什么变更不能解决他们的问题。不管怎样，这些互动交流有助于我们增进理解。但这种特别的理解并不能建立广泛的理解，也不能以一种以用户为中心的可持续的方式激发共情。

因此，我们应该寻求理解。当我们探索和询问深层问题来理解某个情况时，我们关注的是：

- 回到过去，解释我们是如何走到今天的。
- 面对当下，评估为什么事情会是现在这样的。
- 面向未来，思考当我们进行变革时可能发生什么。

我们通过提出一些不经思考就无法回答的问题来进行探索。我们的目标是让情况变得更加清晰，无论是当前的还是潜在的，以避免以前犯过的错误，并从模糊状态中找到一条出路。

然而，探究的问题必须超越仅仅是澄清的问题。试探性的问题是用来寻找和理解情况的边缘。因此，它们通常都是开放式的，并且经常在前面加上"为什么"。

重要的是，试探性的问题并不是为了消除所有的模糊性！复杂而独特的项目集（项目）总是反映出一定程度的模糊性，这是必然的。我们也不想投入时间和精力去消除所有的不确定性，因为这样的投入对于复杂的项目是徒劳的。

> 那些试图揭露所有复杂项目集（项目）不确定性的人，要么从来没有完成任何项目，要么付出了很高代价才完成，致使项目及其结果失去了投资的价值。

我们的目标是简化模糊性的第一个"层次"，这样我们就可以在开始迭代新内容时变得更聪明。

4.3.3　创建指导原则

一旦有了一套共同认可的简单规则和对规则的全面理解，我们就要为每条简单规则分配动词，帮助我们思考和同意"如何"执行。这一过程将帮助我们制定指导原则，而指导原则反过来又将使我们能够更迅速和一致地处理各种情况和问题。

- 如果我们的简单规则是"我们将创造一些全球读者买得起的又易读的产品"，那么我们的指导原则可能是："避免过于复杂的句子和特定文化的口语。"
- 如果我们的简单规则是"我们将帮助读者保持专注"，那么我们的指导原则可能是："把重要的缩略语在每章的使用过程中反复拼写出来。"
- 如果我们的简单规则是"内容将被格式化或交付，以便快速吸收和理解"，那么我们的指导原则可能是："在需要很多文字的时候，图片和数字会更受欢迎。"

简单规则和指导原则会有一些重叠。我们也可以很容易地组合它们，就像你看到的那样。但重叠和结合告诉我们，我们可能有机会澄清规则或原则，或者两者都有。

就像简单规则一样，我们要为每个团队创建指导原则。执行指导委员会、PMO、架构评审委员会、变更控制委员会、各种质量管理团队、测试团队及其他人组成的团队，都应该制定各自的指导原则（支持各自的简单规则）。

4.4 创建简单规则和指导原则的原则

要创建一套简短的可用的简单规则和指导原则，应该考虑以下原则：

- 将简单规则与"做什么"相结合，将指导原则与"如何做"相结合。

- 避免独自创造规则和原则的诱惑。有价值的创造是一个团队共同努力的成果，编程马拉松和头脑风暴活动是最好的创造团队成果的方法。

- 遵守规则的团队应该为自己制定规则，避免为其他团队制定规则！

- 通过头脑风暴，创建简单规则和指导原则的初始池。然后寻找有助于将规则和原则合并成为数不多的方便使用的主题。

- 每条简单规则都需要一个或多个指导原则的支持。一对多关系是最常见的。

- 超过 5 或 6 条简单规则就会变得很麻烦（而且更容易被忘记，也更难长期坚持下去）。

- 指导原则的数量没有限制，但核心价值观的概念规定，少比多好。

- 简单规则会随着时间的推移而改变（对于以任务为中心的团队来说变化较少）。

- 指导原则不易改变，这同样是由其持久的核心价值的本质决定的。

4.5 本章小结

本章介绍了简单规则和指导原则的作用和重要性。前者描述我们是谁和我们做什么，后者描述我们如何做。简单规则可以随着使命和愿景的改变而改变，但指导原则往往更持久，就像组织的核心价值观一样。最后，简单规则和指导原则将帮助我们维持我们是谁，帮助我们交付我们应该交付的成果，并帮助始终贯彻"如何"交付。

在本章中涉及的设计思维方法的所有内容，在附录 B 中做了详细介绍。

4.6 本章案例研究

支持业务转换 Harmony 项目集的一个团队需要帮助定义他们是谁、他们做什么、什么时候做及他们应该如何操作。你已经向团队主管建议召开一次工作会议，去制定与整个项目集及其组成的子项目相一致的简单规则和指导原则。

本章案例研究思考题

1. 为什么团队发起人不单独简单地起草一套初始的简单规则呢？

2. 如何帮助区分规则和原则？

3. 将规则或原则的数量减少到可管理的数量的建议过程是什么？

4. 为什么指导原则会比简单规则更不容易随时间而改变？

本章案例研究的答案参见附录 A。

第 2 篇

项目准备工作

第 5 章

沟通
Communications

本章主要内容

o 沟通管理中的设计思维

o 由倾听而共情

o 设计思维在编制文件中的应用

o 深深质疑

o 视觉沟通

o 用故事沟通

o 原型设计的方法和渠道

o 由已实现的变化而共情

o 总体沟通的指导原则

o 会议与电话会议的指导原则

o 团队沟通的指导原则

o 管理层沟通的指导原则

o 本章小结和本章案例研究

在本章中，我们将看到设计思维在完善标准中是怎样发挥作用的，也会看到设计思维在改进特定类型的活动中是怎样发挥作用的。而这些特定的活动都是在项目集（项目）沟通方面我们必须做的（见图 5.1）。

PMI（2017）把这个内容叫作沟通管理，它是十大主要知识领域之一。正如我们在图 5.1 中看到的，沟通必须是广泛的，它跨越项目集（项目）的整个生命周期。这就意味着在项目集（项目）生命周期全过程中，我们都有机会通过设计思维去影响和规范项目沟通！

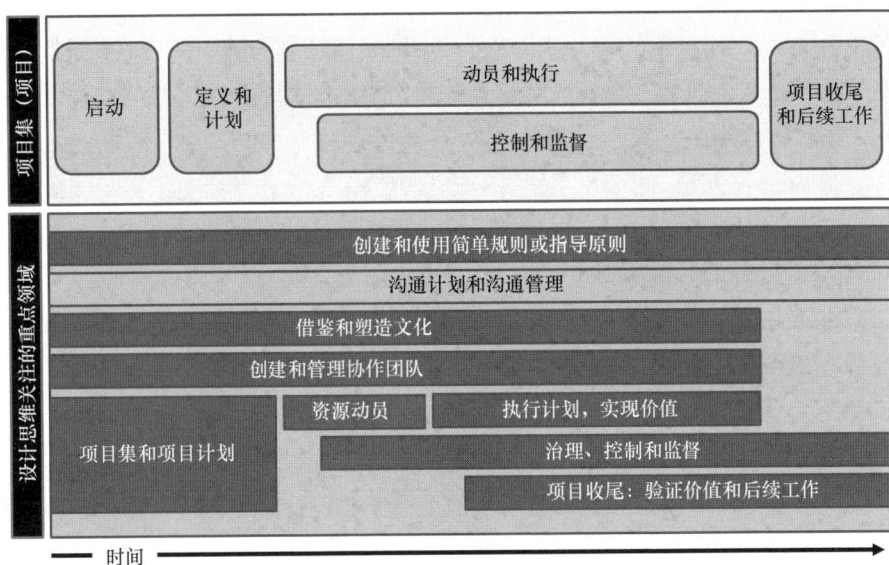

图 5.1　把设计思维应用到项目全生命周期沟通管理中

5.1　沟通管理中的设计思维

因为项目沟通总是在项目管理中处于高优先级地位，所以项目沟通需要超级执行，并且这些沟通也必须进行计划、管理和监督。PMI（2017）认为"项目沟通管理是计划、收集、存储和更新项目信息的过程，确保项目和项目相关方的信息需要得到满足，通过对既定活动规划和执行的推进，去达到有效的信息交换"。

在最初的沟通中，会产生海量的文件，随着时间的推移，为了推动正在进行的沟通，其他的文档还将不断涌现：

- 计划类文档：项目章程，愿景和使命文件，问题清单，项目管理计划和进度计划，培训计划等。

- 管理类文档：沟通管理计划，相关方关系图谱和相关方登记册，风险计划和风险与问题登记册，相互依赖关系图，项目集（项目）交付成果，培训文件材料和用在项目执行与项目管理中的其他文档。

- 监控类文档：看板和来自发起人、相关方、业务主管、技术专家、项目团队成员、合作伙伴组织等各种级别的状态报告。

所有这些用于沟通的文件和方法都是沟通管理计划中的重要内容。我们并没有逐一研究这些类型的文件，也没有一遍又一遍地重复很多指导内容，而是围绕下面一些设计思维工具或方法来组织本章：

- 由倾听而共情。
- 深深质疑。
- 头脑风暴的关键或持久。
- 视觉沟通。
- 用故事沟通。
- 原型设计的方法和渠道。
- 由已实现的变化而共情。

接下来，我们将探讨沟通中可用到的上述某些设计思维方法，并讨论一系列指导原则如何应用到这些设计思维方法中。这些指导原则是围绕一般的、面对面的、团队的、高管层或利益相关方的沟通制定的。

5.2 由倾听而共情

拉里·金（Larry King）曾经说过："我今天说的任何话都不能教会我任何东西。所以，如果我要学习，我必须通过倾听来完成。"倾听的行为创造了有意义的共享交流基础，这一基础可以随着时间的推移而建立起来。

> 毫无疑问，没有比倾听别人的经历、故事和痛苦倾诉更好的学习和共情的方法了。

倾听有多种形式。最初，我们想要并且需要从一个广泛的范围听取那些愿意谈话的人的意见。最终，我们将学会从噪声中过滤出精华，但在一开始就把想说话的人排除在外是没有意义的。毕竟，说话最多的人往往是最受影响或最有兴趣的人。

我们必须广泛地倾听。倾听高管和其他利益相关方的心声；倾听已经尝试过且失败的一线人员的心声；倾听业务人员和 IT 专家的心声；倾听组织其他部门领导人的声音，他们有自己的"边缘优势"或外部视角；倾听合作伙伴的声音，以及倾听可能有特别或独特洞察力的其他边缘或外部人的声音。

在倾听他人之前，我们需要：

- 知道我们需要什么。想想你需要的信息，以及谁有可能占有这些信息且愿意分享给你。更重要的是，深入思考你是否在寻求"啊哈"启示、经验教训、历史或咨询报告、最近事件的反馈、未来创意的构想或其他信息。

- 选择和被选择。你需要权衡一下，是有目的地找到用户并坐下来与他们交谈，还是开放地让用户找到你并向你询问。两种途径都会获得收益。

- 出席。没有什么比假装听众又不听更糟糕的了（我们都从经验中知道，当听众分心时，我们很容易就能知道）。收起智能手机，关上笔记本电脑，找一个没有干扰的好地方，身在心在。倾听、学习，切实地做笔记，确保你不会忘记你所听到/学到的内容。

- 自我意识。倾听还意味着即时回应，表明你在参与、思考或学习。巧妙地点头可能是有用的，简单的肯定话也行，但不要过度使用这些技巧！我们都知道有些人假装在听，但实际上他们并没有听。我们也都知道有些人听的时候太过分散注意力，以至于我们怀疑他们是否真的在听。

> 了解自己，了解你的个性和习惯并调节它们，不仅能成为一名更有效的倾听者，还能避免错过你最需要向他们学习和与他们共情的人。

5.3　设计思维在编制文件中的应用

为了以一种明智的方式将设计思维应用到计划、文档、模型及通过项目集（项目）生命周期创建的其他文件中，理解文件将如何被使用是很重要的。建议使用一个初始的编程马拉松软件来制作一份文件表，详细描述文件的主要和次要受众、目标，以及每个文件所要求的结果。然后确定文件的类型（严格规范的、一次成型的、长期保存或不断更新的，所有这些类型都会在接下来的内容中展开讨论）；再回头确定格式、渠道、结构、模块化、可用模板和可重复使用的内容；最后，应用设计思维实践，可能包括再次用编程马拉松软件来启动文件的开发。

5.3.1 严格规范的文件

从表面上看，任何作为交流工具的文件本质上都可以从快速原型设计和其他设计思维方法的迭代中获益。但是对于高度规范或受政府控制的文件，如安全设计或受 HIPPA（Health Insurance Privacy and Portability Act）影响的解决方案文档，或符合《国际武器贩运条例》（International Traffic in Arms Regulations，ITAR）的体系结构的文档，团队最好使用标准化模板。为什么？因为要确保不会遗漏或误解某些事项，让自己陷入麻烦。

5.3.2 一次成型的文件

有些文件，如项目章程、里程碑图、利益登记册和相关方登记册，通常只编制一次，尽管只有有限的文档使用者，但经常被引用。考虑到这种使用模式和用户社区类型，最好组建一个小团队，在早期快速构建和迭代一个标准化的文档模板，以免以后再去迭代。这样，除极少的必需的迭代之外，一次编制成型的文件与老式的计划和构建模型更接近，而不是设计思维式的"构建中思考"模型。

5.3.3 长期保存的文件

随着时间的推移，发生轻微变化的复杂文件会从"构建中思考"的视角中受益。这样的文件被称为长期保存的文件。项目主计划、解决方案设计文档、各种培训文件，以及其他复杂的计划、文档和文件都可以从早期的头脑风暴、构思和原型设计中受益。为什么？因为只有受众而不是每个人都会使用这些文件，这些受众靠这些文件生活，因此他们要权衡并购买各自的文件，并知道这些文件是如何构建和生成的。以这种方式构建长期保存的文件将使不可避免的维护变得更加容易（政治上和物理上）。

长期保存的文件受益于持续以用户为中心的共情、迭代（不要忘记三次规则）和对结构的特别关注。关于结构，考虑模块化或在模块中创建内容区，这些模块是可以组合的或可以重新组合的，以供将来相关的文件或文档使用。

长期保存的文件还必须反映用户对预期变更数量的一致程度。协商一致最大限度地减少了在进行变更时产生的负面影响。

> 当文件的用户一开始就参与到初始设计和架构选择中时，修改文件就容易得多。

关于长期保存的文件，要考虑的细节很多，如无处不在的项目计划，文件的结构和总体布局的方式，文件是集成在一个更大的项目集中还是与其他子项目放在一起，它是按工作流还是按阶段或团队来分类编制的，以及编制文件的细节分层。所有这些结构细节为文件的用户划分了使用级别。如果没有创建好底层结构来推进修订工作，修订工作就可能成为许多人的巨大麻烦。项目计划和其他长期保存的文件（如培训视频）需要进行良好的计划和结构安排，并且也要足够灵活或足够模块化，以支持必要且不可避免的变更。

5.3.4 不断更新的文件

有些文档注定会频繁地发生变化，像长期保存的文件一样，这些不断更新的文件也会受益于以用户为中心的共情和洞察力、在构建中思考、快速原型和迭代，以及对结构和模块化的关注。想想看板、状态报告和详细的培训材料等文件，格式和内容的调整在一开始就会频繁发生，并且在持续改进的名义下，这些调整可能在项目集（项目）生命周期的后期仍然是常见的。

5.4 深深质疑

当在迈向共情和更好的解决方案的过程中努力寻求更深入的理解时，我们要问一些深层问题——真正帮助我们理解用户或受众心态的问题。从五个"为什么"开始。我们可以问用户最基本的问题是"为什么"，然后是"为什么"、"为什么"、"为什么"和"为什么"。如果我们不能理解为什么一个人今天会做某些事，或者不能了解"某些东西"是如何形成的，我们可能永远无法理解用户的困难、当前的解决方案和其他行为的细微差别。

我们要推动用户或用户社区的参与，没有比问一些开放式的好问题更好的方法了。这些问题促使人们思考和反思。请记住，我们需要：

- 给予受访者或观众思考的自由、空间和时间，不要过早地回答你的问题，也不要过早地把听众引向你设定的道路。

> 让问题沉淀下来，让他们慢慢解答。耐心等待，你可能有机会收获新的见解。

- 谨慎地使用挑衅性问题。不要向听众提出太多尖锐的问题，以引起不适当的强烈反应。
- 平衡进行基本事实调查的需要和被引导到意想不到的学习路径的需要，真正的回报来自后者。
- 避免插话。插话会打断信息的流动，使沟通的人感到灰心，因为这意味着你认为自己已经知道了所有的答案或者感到无聊。耐心倾听吧！
- 运用倾听技巧来识别正确澄清的问题。澄清会增强理解和增进共情。
- 在整个沟通过程中展示你的参与。对听众给予的回答提供深思熟虑的、真实的反馈，以表明你在倾听。你可重复听众回应、经历或故事中特别重要的方面，以强化交流者的信息或引出更多细节。

> 不要做一个无所不知的人！相反，你应该努力让别人知道你是一个"倾听一切"的人。

5.5 视觉沟通

我们都知道，复杂的想法和过程最好通过视觉来沟通。视觉沟通是指按照"一图胜千言"的思路，利用图片、图形、图表、插图、视频和其他媒体进行的沟通。例如，甘特图一直是描述项目进度的主要工具。

> 好的可视化信息比文字更经济、更清晰地揭示了依赖关系并简化了条件和关系。

除了图片、图形和图表，还可以使用动画内容和视频有效地传递复杂过程，并且具有可重复的一致性。培训视频在易用性和可理解性方面胜过大量文本文档，这一点并不令人惊讶。这些方法为终端用户提供了学习复杂过程的一致且可重复的"与我同行"。

最后，当文字沟通仍然被认为是最好的交流方式时，考虑使用结构化文本。

结构化文本非常适合循序渐进的说明。结构化文本要考虑的是，我们如何使用格式、物理位置、边距和其他空白（字面意思是单词周围的空间），用文本加重和加色的方法，来提高文本的易用性，以及要凸显的意义。

- 留白。以自然吸引眼球的方式放置关键字。作者需要使用最好的系统 2（深入而缓慢）思考来自非法的读者系统 1（快速或自动）的反应（Kahneman，2011）。
- 符号。创建一组符号来帮助巩固思考或主题。
- 编号。使用有编号的列表一步一步地完成一个过程（1,2,3,...）。
- 一致性。用动词（执行、实施、回顾……）或动名词（正在执行、正在实施、正在回顾……）来开始创建符号。
- 风格。少用粗体字或颜色，这样你才能在真正需要的时候吸引读者的注意力。
- 颜色。适度地在文本上使用颜色或显著突出方式来吸引人们对该内容的注意。

有了这些建议，好的形象或图片的许多积极属性就能编制成一份厚重的文本文件。当我们没有现成的视觉或屏幕截图时，就会使用这种方法。

5.6 用故事沟通

讲故事是将左脑（逻辑）和右脑（创造性）结合起来，产生情感上的黏性和令人难忘的结果。当事情真的很重要且时间有限时，讲故事不仅能够让我们的信息"黏住"听众，而且能够以其他媒介无法做到的方式与听众共鸣。

> 故事可以改变人们的看法和偏见。这样，故事也改变了人，塑造了文化。

优秀的故事会使用重要的角色、相关的情节、有意添加的插曲，以及令人惊喜的结果。故事的主题最终可以用一个词来概括，如真理、勇气或爱。主题是在读者读到或说出来很久之后仍能在他们的思想和心灵中产生共鸣的东西。通常是主题推动了故事的黏性。

好的故事不是"说教"，而是通过故事本身"展示"。例如，你不需要解释什么对你很重要，或者你在想什么，或者你有某种感觉。相反，你的工作就是把你的经历说得清楚明白，让观众能够看到你所看到的，感受到你所感受的。

通过这种方式，当需要吸引大家的注意力并长时间保持时，我们就必须借助故事的力量。出现下列情况时，我们就可借助故事：

- 开始一个新的项目集、项目、阶段或方案。
- 培训团队、相关方，以及最重要的终端用户。
- 需要与团队一起分享沉痛的教训。
- 希望传递一种需要长期保留的想法，这种想法隐藏在表象之下，以最微妙的方式影响决策和行动。

> 故事是一种力量。只是要确保适当地、适度地使用它，才能长时间保持观众的注意力，从而获得这种力量。

但故事不太适合发起人和其他高层相关方的状态更新，特别是在问题升级过程中。

5.7 原型设计的方法和渠道

当我们决定如何与他人沟通时，不存在好方法和坏方法的问题。在理想情况下，团队应该集思广益并讨论可用的方法或渠道，然后将最可能使用且容易使用的方法做成简表。

关键是团队要找到真正喜欢的沟通方式。当团队由具有不同背景、经验等的不同成员组成时，理想的沟通方法或渠道就不那么明显了。这使得沟通变得很重要，同时也使得原型沟通方法变得更加重要。

使用快速原型和编程马拉松等各种沟通工具、方式和方法来工作。创建团队最初的选项列表，反映团队认为对他们来说什么是可行的，以及什么是可能的，或者什么应该在近期和中期进一步进行原型设计和测试。

当然，面对面的沟通是理想的，但考虑到项目进度、时区、所处区位的交通和旅费，通常不太可能实现。与用户和领导一起工作，当面对面的沟通不可行时，可列出几个备选方案。如果领跑者是不明确的，那就要执行简便的模型、演示或试验，并确保实际用户参与整个过程，包括最终的评估。具体方法可能包括：

- 适合团队的综合性的视频会议软件有 WebEx、Skype、Slack、Google Duo、Apple Facetime 和其他软件。
- 语音电话和手机 App 的替代品，包括 WhatsApp、Viber、Talkatone、TalkU、WeTalk 等。
- 任意数量的即时消息传递选项。
- 协作工具，如 Yammer。
- 录制的视频通过网页、团队或 App 分享。
- 录制的配有画外音的 PPT 幻灯片。
- 优秀的老式电子邮件和电子邮件群发。
- 通过网页和表单提供的更新。
- 通过电子邮件、团队、Yammer、网页和其他方式分享的项目集（项目）的程序化的简报。

请记住，上面所列出来的方法，并不是要创建一个完整的列表。工具和方法会来回调整。从可访问性、持久性、可消费性和其他属性方面确定特定受众需要什么，再匹配可用的方法选项。再次请他们参与评估这些方法。

还要考虑如何扩展特定于软件解决方案的工具（例如 GitHub、Azure DevOps、AWS Cloud9、Atom 或其他软件开发人员使用的工具），以提供一个包含非开发人员的沟通平台。软件合作伙伴，如 SAP、Microsoft 和 Oracle，使用特定的平台来开发他们的特定解决方案。这些工具为沟通信息和状态报告提供了持久的和可跟踪的存储库，它们通常可以用于创建令人惊叹的图表和图形，以及其他对沟通复杂性有用的图形。

5.8　由已实现的变化而共情

在一天结束的时候，当我们为了追求更好而最终对系统、过程和文件进行修订时，才体会到一天的付出和取得的成果。如果工作是通过协作和迭代完成的，并且培训的水平和时间都是正确的，那么它就会受到赞赏。当然，太多的变化可能适得其反，所以当我们对文件和过程进行修订时，要保持这些文件和过程的静态平衡。但是，要想与用户建立良好的关系，极少有比很好地交付修订成果更好的方法了。当用户与团队里为他们工作的人产生共情时，我们就通过已实现的变化看到了共情。共情来自工作成果和真正的进步（无论进步大小）。通过已实现的变化，共情会润滑用户/团队来源/目标关系，从而调整共情流向，随后，在创造更好工作氛围的同时，产生相互信任。

5.9 总体沟通的指导原则

为了有助于确保合理且有效的沟通，可考虑运用或采用以下指导原则：

- 如果没有写下来，那就是它没有发生过，也不会发生。
- 知道何时可详尽表达，何时只需简洁陈述。
- 要像你是对的那样去战斗，但要像你是错的那样去倾听。
- 利用用户的沟通格式来实现信息的最大易读性，推动一个团队看起来像什么，感觉上也像什么。
- 保持一致，使用相同的格式和字体、加粗/突出显示、颜色编码等。
- 及时准确，确保听众可以依赖你的沟通。
- 更新电子邮件，保证每个邮箱都是有效的，"回复"你的所有前一封电子邮件，以确保你能维护邮件的历史状态，并确保每个人都在群发名单上。
- 在演示中，如果不需要更多的细节，就多使用有意义的数字、图片和简短的符号。细节越多，人们阅读幻灯片的时间越长，就越没时间听你说。
- 拼出新的首字母缩略词的全称，直到你确定这些首字母缩略词是听众共享词汇的一部分。
- 为了帮助减轻在高度不稳定或易变情况下保持100%正确的压力，在关键的定期书面沟通（如基于电子邮件的状态更新）结束时，主动邀请接受者"以澄清、问题、附加信息的方式回复所有人（以便于确认谁还在群中），或（把不用再分享信息的接受者）从此次沟通中移出群发名单"。

5.10 会议和电话会议的指导原则

会议、研讨会、核心小组会议和其他面对面或远程沟通会消耗大量时间，因此需要仔细安排和实施。建议参考以下指导原则：

- 制定会议时间表，并严格执行。
- 在安排特别会议时，提前通知，留下足够的准备时间，让关键参会者有机会出席。
- 允许潜在参会者不参加会议，相信人们都有优先级时间安排。
- 总是在会议之前提供会议议程。如果不需要议程，也许这次会议也没有必要举行。
- 以熟悉的、直观的、可理解的且易于理解的格式分享会议议程和准备材料。不要为缺乏准备找借口。
- 会议开始时，会议程序的第一步是确定会议记录员。人类的记忆不能代替笔记信息。
- 如果没有现场记录会议信息的理由，现场开会可能就是在浪费时间了。以后可考虑用异步沟通渠道。
- 对于有远程与会者参加的会议，要让他们先分享自己的想法，以提高他们的参与度（Nadella，2017）。
- 知道什么时候像讲故事一样详尽，也知道什么时候讲得简明扼要。否则，你有可能无法把会议的重点放在重要的事情上。
- 把最安静的与会者"拉"出来，问问他们的想法。每个人都需要有被邀请的感觉（Nadella，2017）。
- 在会议结束之前，确定是否需要召开后续会议，并尝试当场做出时间安排。
- 确定并同意后续的沟通渠道（包括会议记录和下一步的安排）。
- 在会议结束后，使用商定的沟通渠道分享后续行动。

最有效的会后沟通者不会因为担心几个拼写错误或语法问题而不在会议结束后立即分发会议记录。对快速的会后跟进和延迟行动进行权衡的话，偶尔的拼写错误是无关紧要的。

5.11 团队沟通的指导原则

多年来，在成功或有效的团队沟通方面产生了以下共同的指导原则：

- 一个链条的力量是由链条上的每个链来决定的，个体的可信度、准确性和对他人的尊重为团队的可信度、准确性和尊重设定了标准。

- 员工需要看到管理者和团队领导者积极地与他们沟通和支持他们。正是在这种近距离的接触中，沟通和文化规范得以建立。

- 根据团队对信息内容的需求调整沟通方式，分享听众需要的信息，而不是你想要分享的信息。

- 了解听众对信息量的需求，在单一沟通中分享的信息太少和太多之间找到真正的平衡。

- 让其他团队成员参与制订沟通计划。

- 知道什么时候应该进行面对面的沟通，什么时候可以采用其他的沟通渠道。

- 努力保持始终如一的沟通，如果战略、后续信息和方向发生了变化，一定要说清楚"为什么"和"什么时候"。

- 如果没有"为什么"和"什么时候"，人们就会倾向于用自己的想法和担心来填补沟通中留下的空白，并会最小化这些空白。

- 重复关键信息。对于紧急的或关键的沟通，使用多个沟通渠道以确保消息落地。

- 当通过即时消息或类似的技术"拍拍"团队成员时，不要只是简单地说Hi 或 Hello。简要地分享你在这初始的"拍拍"中需要什么，可以节省时间和减少沟通障碍。这样做是有礼貌的、有效的，并且能让应答者在回应之前仔细考虑你的需求。

5.12 管理层沟通的指导原则

鉴于管理层有限的时间、有限的项目工作时数和在组织中的位置，高管、发起人和其他利益相关方可从以下方面受益：

- 急事优先处理。不要隐瞒坏消息，也不要编造故事来渲染坏消息。

- 在与高管和相关方沟通之前，给自己一些时间来验证当下的状态和陈述的情况，并验证它们的准确性。

- 分享详细的项目集（项目）状态不如为需要做出的行政决策腾出空间更重要。
- 如果不是绝对需要更多文字（或页面或幻灯片），就必须尽量少用文字（或页面或幻灯片）沟通。
- 以理解管理层或相关方期望的方式进行沟通。
- 以管理层喜欢的格式进行沟通，并使用图片、数字、图表、符号和有意留白（结构化文本）。
- 以事实和正确反映状态、日期、责任方、里程碑、风险和问题的详细程度进行沟通。
- 拼出首字母缩写词的全称，直到你确定它们是高管词汇的一部分。
- 最重要的是"倾听"。记录反馈并采取行动，然后迅速跟踪沟通进展并保持可信度。

5.13　本章小结

本章向我们介绍了一些思维的方法，以及将设计思维应用于项目集（项目）沟通的方法。我们回顾了编制各种沟通文件及选择和使用不同沟通方法或渠道的意义。我们总结了一套指导原则，这些指导原则围绕总体沟通、面对面沟通、团队沟通及管理层或其他相关方的沟通进行编制。

在本章中涉及的设计思维方法的所有内容，在附录 B 中做了详细介绍。

5.14　本章案例研究

团队进入 Harmony 项目集已经三个月了，Harmony 似乎在许多沟通中都遇到了困难。领导要求你分享怎样把设计思维应用到项目集沟通管理的过程和方法中，特别是涉及基本状态更新、管理团队更新和定期相关方沟通的内容。

本章案例研究思考题

1．在本章中概述的可以有助于改善沟通的七个设计思维领域是什么？

2．除了图片和数字，还有什么视觉沟通辅助手段能够使用？

3．故事在沟通的基本状态更新和高层或其他相关方更新方面在多大程度上被证明是有用的？

4．"由已实现的变化而共情"与在设计思维中体现的如何共情有什么不同？

本章案例研究的答案参见附录 A。

第6章

借鉴和塑造文化
Drawing on and Shaping Culture

本章主要内容

- 层次、缓慢变迁和多维
- 文化和思维的内在联系
- 文化影响实践和概念
- 评价和塑造文化
- 理解文化智力
- 借鉴和塑造文化的指导原则
- 本章小结和本章案例研究

在执行项目集（项目）的道路上走得太远之前，我们要考虑文化。从个人和团队对组织的态度维度、地理位置维度，以及其他的一些维度，文化影响了大部分的项目集（项目）生命周期（见图 6.1）。可以借鉴文化来影响短期变革，但更要有意地和积极地塑造文化，以帮助项目集（项目）实现其预期的长期转型。

6.1　层次、缓慢变迁和多维

文化每天都由组织中每个人的行为、言语和态度所塑造（Nadella，2017）。文化包括我们独特的和共同的经历、态度、行为、偏见、沟通风格、工作风格、视角、偏好和其他特性（见图 6.2）。

这些特质就像洋葱层一样，在更广泛的宏观经济和政治环境下，共同影响并塑造着每个行业的每个人、每个团队和每个组织。

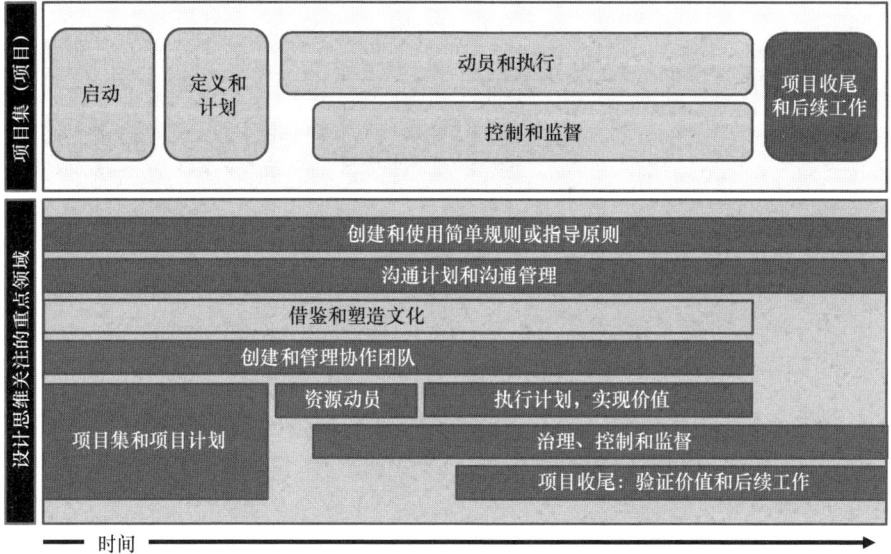

图 6.1　立即开始借鉴和塑造文化

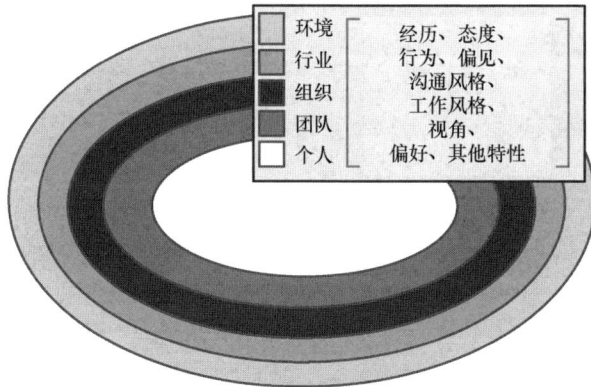

图 6.2　文化洋葱类比分层图

这种塑造需要时间。文化的变化是缓慢的，就像蜗牛前行一样。像蜗牛一样，文化是有机的、有生命的、变化缓慢的，它是无组织的和混乱的（见图6.3）。当人们加入与离开团队和更广泛的组织时，文化反映了随着时间的推移，无数文化特质被人们引入、改变和迁移。

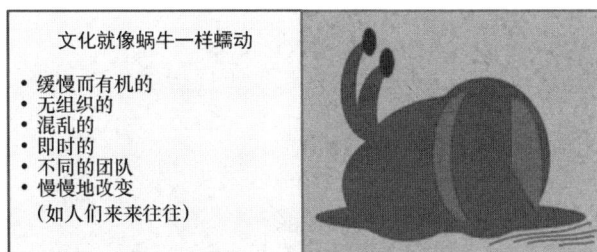

图 6.3　文化蜗牛类比图

除了它的层次和缓慢变迁的特质，文化也是多维的和复杂的。多年来，数百个模型被汇集在一起来解释和构建文化及其维度。这些模型中的许多都是基于组织变革的，包括 Burke-Litwin 的详细 10 部分变革模型和 Kotter 的著名 8 步变革模型。

其他模型围绕重要的组织动力或组成部分来构建文化。从 Hofstede 的六维多焦点文化模型到 Miller 的 16 个文化动力模型、Ross 的沟通-团结-领导模型、Denison 的四象限组织文化模型，以及 Schein 的广泛接受的组织文化模型，都是60 年来文化模型研究的精华。

就我们的目的而言，当我们考虑将设计思维应用到项目集（项目）管理中意味着什么时，我们将文化浓缩成一个反映八个整体视角或动态的三维立方体（骰子）（见图 6.4）。

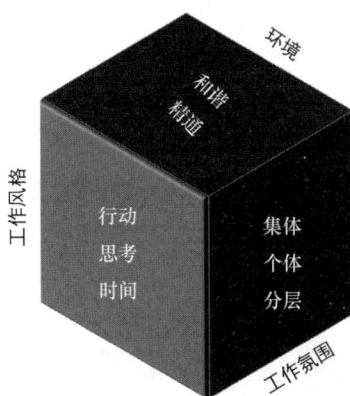

图 6.4　文化骰子及其维度和视角

我们的三个文化维度是环境、工作氛围和工作风格。前两者在洋葱文化中层次分明（这里的工作氛围就是"团队"的同义词）。

- 环境维度：人们如何看待他们的整体工作场所。由和谐和精通两个变量组成。

—和谐，在工作场所有效地工作和相互联系的能力。

—精通，在重要且有意义的事情上持续改进的欲望（Pink，2009）。

- 工作氛围维度：人们如何与他人一起工作和相处。由集体、个体和分层三个变量组成。

—集体，一个团队有效协作工作到达的程度，重视人的价值和/或正在完成的工作的价值，共同认可目标，并分享成功。

—个体，每个团队成员在背景、经验、偏见、价值观（以及尊重、主动性、领导"追随"风格、共情、冲突管理技巧等）方面给团队带来的影响。

—分层，"团队成员之间的垂直差异"（Greer，2018），跨越团队和整个组织。

- 工作风格维度：人们如何及何时完成工作。由行动、思考和时间三个变量组成。

—行动，如何行动和为什么行动，就是去执行，以及工作在何种程度上被严格地组织和管理（或没有被严格地组织和管理）。

—思考，在工作开始前的计划。

—时间，什么时候执行任务。

> 文化在缓慢而微妙的传播中，反映出伴随着每位新员工进入团队和有人离开时留下的每个沟距而变化。

因此，这些个人的优点和缺点会慢慢地根据整体环境去影响和改变组织的文化，影响和改变每个团队的战术工作氛围，以及影响和改变每个团队内部和团队之间可观察到的工作风格。

6.1.1 个体文化和团队氛围

每个团队的每个人都会影响团队的表现。了解个人的特性和团队的动态，正是文化意识的领导工作，这样文化就可以被借鉴、利用、塑造或培养。这些个人的特性包括：

- 个体的背景。可能是所有潜在的个体差异中最复杂的，在背景、语言、沟通风格、宗教、习俗、服饰、饮食偏好、家庭视角等方面未被承认或不被尊重的差异，可以迅速对团队造成破坏。

- 个体的工作经验。个体的工作经验水平，包括个人在当前所担任的特定角色之外获得的工作经验，反映了这个人是如何思考的，以及他所做的假设。
- 个体的偏见。人们有意或无意地带到工作场所的已知的、未知的和未意识到的偏见和特定行为。
- 个体的情商。情绪的自我意识和管理与控制情绪的能力，而情绪是基于特定和独特环境需求的，包括社交技巧、谦逊、共情、尊重他人、动机和动力（Goleman，1998）。动机和动力也是渴望和积极进取的态度的同义词。
- 个体的文化智力。个人适应新文化环境的能力，以及与来自不同文化或不同背景或生活方式的人有效互动的能力，类似于自我意识和自我调节相结合的适应能力、理解和尊重他人差异的能力。

领导者需要关注团队哪些功能良好，哪些功能失调，然后积极策划和管理必要的变更，以恢复失调的功能，同时增强正常的功能。正如麻省理工斯隆管理学院的埃德加·沙因（Edgar Schein）所说："领导者唯一真正重要的事情，就是创造和管理文化。如果你不管理文化，它就会管理你（2010）。"

6.1.2　国家和地理因素

必须理解、尊重和适应工作所在国家或地理位置的文化现实。这种理解和尊重的广度包括：

- 当地的劳动制度。需要考虑日常工作时间表、强制加班或自愿加班，以及倒班的不同补偿。
- 宗教方面的因素。要了解不同团队成员和相关方宗教习俗、传统和庆典活动的特殊仪式。例如，重要的团队成员或相关方可能因为时间冲突无法同时出席宗教活动和项目活动，所以在制订项目交接或项目集阶段启动的计划时，就要考虑这些问题。
- 经济差异。尽管经济差异几乎不可能解决，但可以创造一种文化，让薪资和奖励的讨论让位于具有挑战性的工作和优秀的团队。考虑到大型转型项目集的多样性，以及由来自世界各地的人员组成的团队，要预计到会有显著的经济差异。

- 政治分歧。像宗教和经济差异一样，地域分散的项目集（项目）团队也代表各种不同的政治观点。尊重差异并积极寻求避免因差异而导致团队分裂的情况。

- 假期和其他当地现实状况。考虑地区、国家、州/省和当地的假日如何影响团队，以及工作日的规范、特定地理区域或国家的服装规范、税收现实的差异、进出口规定等问题。

6.2 文化和思维的内在联系

说到把事情做好，文化压倒了我们必须选择一种"方式"去思维的欲望，包括设计思维。文化就像地心引力，既弱又强。

文化反映了我们是如何基于成长的地方、生活和工作的地方，以及从周围的文化和人群中观察和吸收的多样性来建立思维定式的。

在这一事实中存在一些挑战，它们不仅会影响团队默认的工作风格，还会影响每个人和每个团队如何将设计思维应用到项目集（项目）管理中。

- 了解默认。每个个体和每个团队都代表着一组独特的默认视角、态度、偏见、工作方式等。我们需要了解自己和同事的默认行为和偏见。

- 层级结构。当员工进行头脑风暴时，他们坦率和一致，觉得自己不需要许可、不需要问题升级请示、不需要做决策，也不需要寻求指导，就有权采取行动吗？或者为完成某事简单地去做艰巨的工作就可以了吗？他们是受层级结构约束还是不受约束，抑或是被困在两者之间？

- 活动方式。团队在多大程度上反映了经典的西方做法、东方思维和其他参与方式的混合？这种独特的混合如何影响我们通过头脑风暴、编程马拉松、原型设计和实验、迭代以及测试中学习的"构建中思考"的能力？

- 对时间的看法。团队成员中哪些人重视时间表、议程和准时性（单一时间视角）？哪些人认为时间是不固定的，期限只是建议时间（多重时间视角）？我们在哪里需要时间管理培训？其他问题是否会影响团队对时间的感知，例如缺乏对角色的清晰认识或缺乏对工作本身性质的清晰认识？

我们需要与团队成员，特别是我们的领导一起工作，在着手处理我们的做事风格、思考风格和时间安排时，要有意识地提高工作风格的文化意识。我们不仅需要认识到自然的倾向，还需要帮助团队突破他们内置的默认模式。例如，考虑乐观偏见，以及有意识和无意识的偏见，怎样影响一个团队如何看待他们周围的人和他们面前的工作。

为了实现健康的变更，领导者需要帮助员工和团队认识到他们的定式和内在偏见。

我们也需要更熟练地在单一思维和多元思维之间转换。为了带给项目集（项目）的好处，我们需要接纳团队成员和其他与我们的默认想法不同的人。如果我们面临一个难以协商的工作产品的截止日期，最好将工作产品分配给以单一时间为中心的团队成员。如果整个项目集（项目）包含一系列的硬性截止日期（想想"监管事宜"或"安全问题"或类似的不可协商的截止日期），我们最好在整个团队中也运用单一时间思维。

最后，我们需要在构思、计划和行动之间找到平衡。深系统 1 思考和"计划"有一个时间和一个地点，快系统 2 思考和"行动"也有一个时间和一个地点（Kahneman，2011）。我们需要帮助团队理解什么时候他们需要缓慢行动，以便以后可以更快地行动，以及什么时候（及为什么）需要快速行动或现在就做出决定，尽管一开始在压力大或模棱两可时倾向于停下来进行分析。正是在这些充满压力的时刻，我们必须依靠模式、简单规则和指导原则来帮助我们征服未知。

6.3 文化影响实践和概念

当然，文化不仅影响我们的行为、思维和时间等规范，也影响我们如何看待和重视文字、实践和概念。例如，原型这个词背后的概念在某些文化中意味着用后可扔掉的东西。但在其他文化中，原型反映了一组固定的、基于需求的功能，这些功能将被开发出来，并最终在产品的使用上体现出来。

同样，创新和创新实践对于不同的人和不同的文化来说也有不同的含义。有的人认为创新可能仅意味着"尝试新事物"，但没有什么价值，或未经检验的价值，或高风险低回报。其他人可能得意扬扬地看待创新，而忽略其直接价值。

不同的文化对任务分配也有不同的看法。在分层文化中，一项至关重要的任务可能根据职位的重要程度分配给团队领导或一个特定的团队，而不管这个特定的领导或团队是否有能力完成这项任务。在世界上的其他地方，会把此类任务分配给最专业的团队或人员，而不论他们的等级或职位。

人们的工作方式，包括小隔间、作战室、私人办公室和其他工作空间的概念，在文化上也有所不同。参考一些国家开放空间的盛行程度与其他国家使用专用项目空间和办公室的情况。当把团队聚集在一起时，我们需要考虑哪种方式是最有效的（那我们就只需围绕这种方式工作）。记住，随着工作的变化和角色的潜在变化，曾经有效的东西可能演变成进展的障碍。

最后，考虑文化背景下的基本沟通规范。在一些文化中，会议中插话和打断别人是很常见的。人们为了吸引听众和获得认可而不择手段。在其他文化中，这样的行为被认为是不尊重人的，而且会适得其反。在另一些文化中，人们会保持安静，直到有人叫他们。我们必须引出这些团队成员的观点和想法，并征求他们的意见。这里的重点是什么？是要意识到谁需要被吸引，谁需要被克制。

> 了解你的团队，建立沟通规则和其他基本规则，创造一种包容的文化。

激发好奇心，奖励倾听，最重要的是加强对他人的尊重。这样做，你将为质疑、实验、构思和尝试新的设计思维方法创造安全的地方，将从不同团队和组织中获得最好的结果。

6.4 评价和塑造文化

我们的目标不是试图在一个项目集（项目）的第一天就改变每个人。毕竟，常识和经验告诉我们，我们不能通过"变化的文化"来改变文化。

> 文化一次一人地改变，一次一行为地塑造（不可操之过急），这需要时间。

相反，我们应该设法先采取以下步骤：
- 借鉴当前的文化。理念是在员工和团队所在的地方拜会他们，就像我们在开发员工能力或提高组织成熟度时所做的那样。通过这种方式，当我们学习通过现有的模式和偏见工作，开始取得进展时，我们可以立即使用和构建团队文化或组织文化中最有价值的既有特征。

- 有意地发展和塑造文化。接下来，在借鉴当前文化取得初步进展的同时，我们需要随着时间的推移塑造和重新定义什么是有效的团队或支持性组织。我们需要提倡特定的态度、行为和健康的偏见，压制其他的随意态度、行为和不健康的偏见。在此过程中，我们必须考虑当前的文化将如何在环境、工作氛围和工作风格这三个维度上做出反应。

我们的目标是温和地将文化推到一个地方，在那里，文化差异为共同的美好目标让路，被有意地退出前台，成为实现项目集（项目）目标和目的的陪衬。我们希望采取措施将团队聚集在一起，奖励出色的工作，并接受这样一种观点，即特定任务的合适人选与文化差异无关，而是与能力、成熟度和态度有关。

我们必须小心，不要无意中把特定的团队（或部门）拆散或分开。我们的目标和正确的做法是推崇相互包容。一个团队中没有局外人，无论他们的地理边界或经验如何。

如果有人侵犯了他人的权利，或者制造了不安全的工作环境，我们必须迅速采取措施解决问题，树立一个积极的榜样——不仅是领导者的榜样，也是每个人的榜样。

每天互相帮助，把我们所能带来的最好的东西带到工作中，这不仅仅是领导者的工作，也是每个人的职责和责任。

我们怎么开始，从哪里开始？评估团队或组织文化最简单的方法就是简单地四处看看。人们都做些什么？团队默认的、可能不成文的简单规则和指导原则是什么？人们会怎么做？哪些行为是可以容忍的，哪些是不能容忍的？团队优先考虑和重视什么？他们完成困难任务的记录是怎样的？先多看看，多听听！

注意其他人对团队和组织的评价。这些反馈和见解的核心价值揭示了重要的时点视角。这些视角为我们提供了一个基准，我们今后可以此来衡量文化演变。

要评估今天的文化，并随着时间的推移有意地塑造文化，可以考虑以下四个步骤：

1. 了解当前的文化并确定当前文化的基线。

① 如上所述，评估个人与团队的行为和价值观（并考虑使用正式的文化调查或工具）。

② 确定当前的行为和价值在文化结构中的位置，创建一个当前状态模型。这是我们的基线。

2．塑造未来文化。

① 描述基于项目集（项目）商务目标或组织变革的预期结果的高级结构的未来状态。我们的未来愿景是什么？我们想成为什么样的人？我们应该重视什么？从行为的角度来看，这看起来像什么？

② 确定哪些行为和价值观支持我们的未来愿景（也就是说，需要加强的行为和价值观），哪些行为和价值观需要改变来实现愿景（需要减少、取代或完全消除的行为和价值观）。

3．制订文化转型路线图和计划。

① 确定所有这些特定的行为和价值的结构地位，创建未来状态的行为模型。

② 在未来状态行为模型的背景下考虑组织的简单规则和指导原则。还有什么需要改变，以便谁、什么、何时（我们的简单规则）和如何（我们的指导原则）与我们期望的未来文化保持一致？

③ 同意并记录必须改变的关键行为和价值。

④ 创建文化转型路线图和计划，对于每个需要改变的行为或价值，都有相应的行动（为了增加行为 1，我们将完成或鼓励 XYZ；为了增加价值 1，我们将完成 ABC）。

4．执行、评估和迭代。

① 执行计划中旨在改变行为或价值观的行动。

② 从上到下模仿新的价值观和行为。

③ 了解并培训团队的新行为和价值观，包括回答每个变化背后的"为什么"。

④ 强化良好行为和新价值观的表达。

⑤ 评估进程并根据需要反复地进行修正（如放弃 X，增加 Y，调整 Z 等）。

6.5　理解文化智力

最近，人们对文化智力的概念进行了大量的研究。文化智力指的是一个人适应新文化环境的能力，以及与来自不同文化、不同背景或生活方式的人有效互动的能力。

> 文化智力类似于自我意识与理解和尊重他人差异的结合。

当领导者更有文化意识或文化智力时，他们会表现出更深的共同意识，练习更好的倾听、决策和谈判的技巧，建立更多信任和值得信赖的团队，提高他们的领导效率。更强的文化智力反过来为沟通、构思、原型、测试、挑战假设、迭代和实践其他设计思维方法或流程创造了更安全的环境。

> 强大的文化智力创造了更安全、更健康的支持创新的工作氛围。

文化智力是通过观察或提出与许多领域相关的问题来衡量的（许多领域与文化骰子的视角或动态相一致）。关键的文化智力维度与如何进行计划、决策、沟通和协作有关，例如，我们如何看待时间，如何重视照顾自己而非他人，如何在一个分层体系中思考和工作，对引入和采用变革的想法，以及如何处理工作需求与家庭、社区、社会和其他优先事项的关系。

通过在这些方面评估自己和团队，我们可以有效地为个人或团队的文化智力"打分"。

> 了解文化优势是件好事，但了解差距可以让我们有意地提高团队工作的动力，修正个人和团队的发展计划。

文化智力的提高会减少误解，提高效率，改善团队健康状况。

> 我们发现，表现出更高文化智力的团队和团队成员最终会更加信任彼此，从而为当地团队和更广泛的项目集（项目）带来明显好处。

领导者尤其需要模拟健康的文化智力。这样做可以帮助领导者学习和成长，但更重要的是可以帮助团队表现得更好，同时改善整个工作场所和环境，提高工作产品的质量。

第一，更频繁、更有意地与你在其他时区的导师和同事交流，以获得新的见解和不同的观点。

第二，组建团队要着眼于多元化，引入来自其他文化和背景的团队新成员，他们带来新的视角，帮助团队尝试/构思新的方法。

第三，在招聘的年轻员工（有新的见解和思维方式）与更资深或有经验的团队成员（他们能从历史的角度对当前事态提出建议）之间找到平衡。

第四，注意团队成员感知环境方式的差异。低语境文化环境中的人喜欢与他人建立广泛的联系，但其联系的深度较浅，且持续时间较短。类似地，低语境文化环境中的人往往较少依赖非语言交流，更多地依赖不连续的口头语言或清晰的书面信息。

第五，知道什么时候应该抛开人与人之间的差异，把彼此当作同伴和队友。要特别注意避免无意中对团队成员形成刻板的印象。

第六，当不可避免的错误发生时，承认这些错误，树立谦逊和真诚懊悔的榜样，这是与透明的领导风格和良好的公民意识相一致的。

> 透明和有文化意识的领导需要谦逊。

带着文化智力的意识，让我们把本章的学习总结成一套指导原则。记住，我们的目标是立即借鉴或利用当前的文化，同时平行地展开工作，有意地影响行为和价值观，随着时间的推移，这些行为和价值观反过来又会塑造我们的文化。

6.6　借鉴和塑造文化的指导原则

开始时，借鉴或利用当前文化总是比试图塑造文化更有效。塑造文化需要数月甚至数年的时间，并且需要塑造的理由。一个转型的业务项目集当然可以成为塑造的理由，但我们都知道，文化变革不会在项目启动会议的那一天奇迹般发生。

第一，文化多元性带来力量、经验、意想不到的能力和思想的多样性。基于这些原因，多元性应该被视为一个组织最有价值的"球员"之一。

第二，在考虑变革或塑造文化之前，采取必要的步骤来了解当前的文化是如何帮助或阻碍你达成目标的（Schein，2010）。

第三，借鉴当前文化的优势，而不是试图克服现实的或感知到的约束，或者过快地跳入行为和价值观的变革。

第四，文化的变革始于今天的人们。你不能通过跳入变革过程的中间来加速文化变革。

第五，永远不要试图委托或"外包"变革的领导工作（Gibbings，2018）。变革需要由项目集（项目）的领导者和发起人掌控。

第六，如果不能理解或解释文化层次，以及这些层次如何向内和向外影响更广泛的文化，你将很难进行持久的变革（参考文化洋葱）。

第七，推动跨团队有意义的文化变革意味着关注工作风格（行动、思考和时间）、工作氛围（集体、个体和分层）及环境（和谐和精通）。

第八，不能通过"变革的文化"来变革文化。只能随着时间的推移，一次一人地改变行为和价值观。

第九，虽然"通过变革中的文化来变革文化"的想法是有缺陷的，但如果有足够的理由来改变，则确实有一些方面的文化变革可以加速。

第十，团队和组织文化随人员匹配的变化而变化，一次一人，一天一次。好好利用这种动态。

第十一，如果不被激励展现另一组不同的行为，人们总展现并优先呈现一组确定的行为。

第十二，在学习新的行为和价值观之前，人们需要时间来抛掉以前的行为方式或当前的行为或价值观（Heathfield，2012）。

第十三，然而，成功也可以"让人们忘记最初使他们成功的习惯"（纳德拉，2017），由于缺乏意识或缺乏共情而用坏习惯取代成功的好习惯。

第十四，巩固和塑造好的一面，温柔地纠正其他方面。

第十五，如果你不积极和有意地管理文化及其演变，那么文化就会管理你（Schein，2010）。

6.7　本章小结

本章介绍了文化思考和文化现实，包括文化的层次（洋葱），由环境、工作氛围和工作风格组成的文化构成，文化思考的多维方式（骰子或立方体），以及对文化本质的简单考察（文化蜗牛）。

接下来，我们介绍了文化和设计思维是如何相互关联的，文化是如何影响实践和概念的，以及作为影响和塑造文化变化的先驱者，我们是如何评估当前文化的。像往常一样，我们以一套指导原则来结束本章，但我们关注的是借鉴和塑造文化。

在本章中涉及的设计思维方法的所有内容，在附录 B 中做了详细介绍。

6.8　本章案例研究

作为一个全球性组织，FAST 及其团队自然是具有文化多样性的。然而，高级管理人员和 Harmony 项目集的 PMO 不断遇到协作不足、团队效率低下、错过最后期限和优先级不同步的问题。Harmony 项目集发起人已经要求你研究这种情况，因为这种行为产生的一些原因似乎与不少团队成员缺乏文化意识或文化智力有关。

本章案例研究思考题

1．如何从层次的角度来看待项目团队的文化？规模怎样？

2．文化骰子的三个维度及其八个视角（动态）是什么？这八个视角或动态中哪个可以帮助我们探索"错过最后期限"的文化方面？

3．你已经决定，必须先进行基本的文化评估，然后再进行有意识的塑造。你将采取哪些步骤来初步评估和长期塑造项目团队文化？

4．从文化智力的角度，你可以用什么方法来测量或确定项目团队的基线？

本章案例研究的答案参见附录 A。

第 7 章

创建和管理协作团队

Creating and Running Collaborative Teams

本章主要内容

o 什么是有效且协作的团队

o 加速创新：多元化团队

o 吸收不同观点

o 认识并克服偏见

o 多元化的矛盾

o 明确角色：为结果而组织人员

o 团队速度：为速率而装备团队

o 多元化团队的额外好处

o 建立有效团队和协作工作场所的指导原则

o 本章小结和本章案例研究

在本章中，我们将研究如何创建多元化的跨界团队，以推动有效的创新、创意，并最终实现协作和创造成果。在项目集（项目）生命周期的大部分阶段中，都要开展创建和管理这些团队的工作（见图 7.1）。

我们还探讨了视角的概念，探讨了通过偏见去理解和进行工作的紧迫性。然后，我们讨论了多元化悖论，得出了一个受欢迎（如果不令人惊讶的话）的结论。接下来，我们研究了如何提高角色清晰度和团队速度，并介绍了关于多元化团队的优势和现实状况。本章总结了一套指导原则，旨在创建更有效的团队，去创造更协作的工作氛围和工作场所。

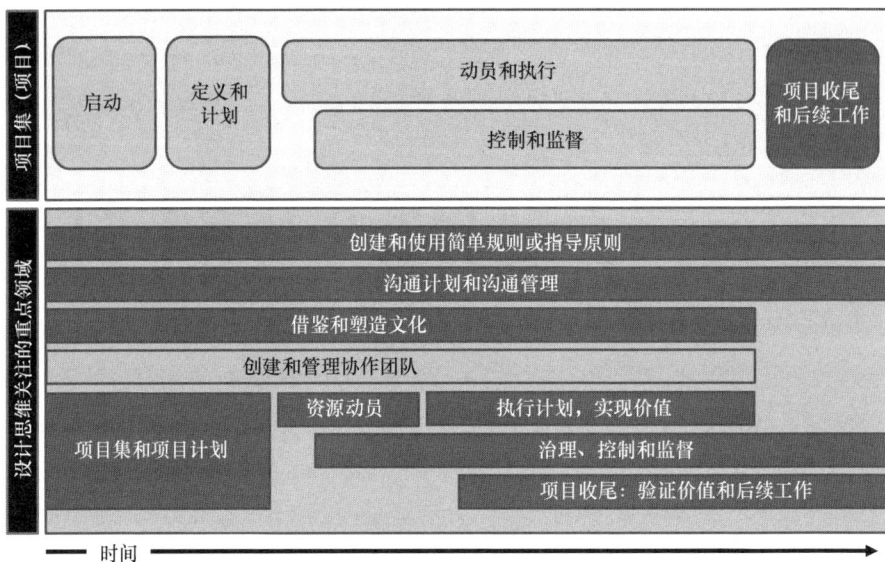

图 7.1 利用设计思维去创建和管理多样且有效的项目团队

7.1 什么是有效且协作的团队

正如我们以前说过的，很少有有价值的事情或持久的事情能够独自成功完成。复杂的业务转型项目和其他复杂的项目需要有天赋的团队，使项目集（项目）能够实现其承诺的利益和其他结果。

但是怎样才能组成一支有效的团队呢？换种方式说，我们如何创建协作和健康的工作环境（正如在第 6 章已经讨论的），让人们在这种环境中，在完成工作的同时，也能激发出彼此最好的一面？正如我们将在接下来的章节中提到的，有效的团队需要有才华的人，他们不仅有能力完成工作（同时永远学习和完善他们的理解！），而且会以如下特征和态度来进行：

- 有自我意识与自我管理（如"管理偏见意识"）能力。
- 通过有礼貌的人际沟通分享勇敢的观点。
- 承认学习的成长心态需要去尝试和实践，在通往成功的路上偶尔也会失败。
- 强烈的主动性和持久的动力。

- 做情境意识型领导和平等娴熟的跟随型领导。
- 出色的沟通和冲突管理能力。
- 在帮助他人成长的同时与他人合作的能力。

回顾团队的表现并应用反馈来改进团队过程的团队是有效的团队。这种"反思"的团队进化模式模拟了反馈循环、思想迭代和持续改进的设计思维原则。

最后，正如我们在第 6 章中所探讨的，有效的团队需要一种支持性的文化，促进健康的环境、工作氛围和工作风格。现在让我们把注意力转向加速或影响创新和结果的几个属性。

7.2　加速创新：多元化团队

经验和 20 年的研究揭示了这一事实：多元化的团队加速了创新（Forbes，2011）。这一事实并不意味着做到这点很容易，也不意味着我们不会面临其他与沟通和文化相关的挑战。但这确实意味着，如果我们想以不同的方式思考并解决真正困难的问题，最好是创建一个多元化或跨界团队。

> 多元化或跨界团队是指团队成员中既有男性也有女性，来自不同的地域、种族、组织，拥有不同的背景、文化和行为准则，他们相互融合，共同工作，带来各自独特的经验和观点。

跨界团队的最大好处在于这些团队所提供的观点和结果。在项目集（项目）管理的所有设计思维模式中都可应用跨界团队，从广泛理解和用户共情练习到问题定义、头脑风暴、原型设计、测试和部署。

7.3　吸收不同观点

从"不同"的角度看待问题比仅仅听取某个观点要困难得多。因为我们的偏见和盲区挡在了路上。

我们已习惯于通过将最优秀和最聪明的团队成员聚集在一起来解决棘手的问题。看看我们的团队，看到的相似点多于不同点吗？多样性在哪里？

如果团队缺乏多样性，那么不同的视角和经验从何而来？没有这些不同的观点，新思维和新想法又从何而来？

观察圆柱体的透视图（见图 7.2）。一个人可能从上面看，并相信看到了一个圆。另一个人可能从侧面看，认为正在看一个矩形。然而，还有人可能与其他人不同，她的视角可能产生了一个圆柱体的视图。我们需要一个多元化的团队，拥有多个视角，以不同的方式看待问题或情况（更不用说为这个问题或情况带来各种潜在的解决方案）。通过多样性，我们可以看到单靠自己无法看到的东西。

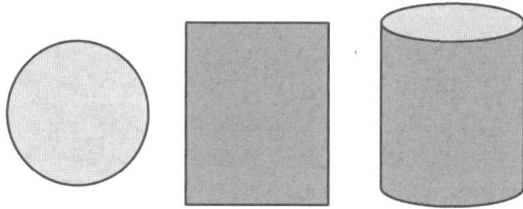

图 7.2　观察圆柱体的不同视角

圆、矩形和圆柱体提醒我们，问题很少是单独解决的。在解决问题时，有 10 种观点和 5 个潜在的解决方案总比只有一种观点和一个单一的机会要好。

7.4　认识并克服偏见

每个人都有偏见。我们都有自己的偏好和默认的思维及回应方式。偏见来自过去的经历和所见，当我们将过去的经验应用于工作、沟通、合作和决策时，偏见就会当场显现出来。克服偏见的关键是了解它们，认识它们，从而在自己身上识别出它们。毕竟，无意识的偏见和有意识的偏见一样会伤害他人和关系（以及伤害团队和声誉）。

偏见有很多形式，但当涉及在不同团队中的工作和行为时，有几种形式的不良思维捷径会被忽视：

- 认知偏见，它的产生是因为人们倾向于相信（并且愿意相信）一些似乎能证实自己已经知道的事情。
- 行动偏见，或者认为做点事总比什么都不做强的观念，即使在没有任何了解或信息支持"某事"的情况下，也要去行动。结果就是浪费时间和精力。

这种偏见可能出现在热衷于"构建中思考"和对计划不感兴趣的人身上。

- 从众偏见，或者认为一个已经被别人接受的想法就应该去追随（而不是怀疑或在寻找其他想法时简单地搁置一旁）。
- 信息偏见，即认为我们仍然需要更多的信息来做最好的决策（让我们在此期间保持静止或沿着老路继续前行）。
- 组帧偏见，当一个糟糕的想法仅仅因为它实际呈现得漂亮而被简单采纳时，就会发生这种偏见。
- 支持创新的偏见，即仅仅因为想法是新的，因此被认为是创新的，所以才会推出新想法。
- 内群体偏见，也就是不闻不问地排斥那些在文化、背景、经历、肤色、身高、体重、教育程度等方面与你不同的外群体的观点的做法。

偏见并不只存在于个人，它们也存在于团队层面。例如，内群体偏见会使团队偏爱自己团队的想法或主意，而不是其他团队的想法或主意。组帧偏见会使团队或个人认为一个漂亮呈现的想法也许就是最好的想法。团队，尤其是那些期望创新的团队，会在行动偏见上犯错，担心背上瞻前顾后不敢冒险的声誉，怕别人觉得他们"思考（太久）后再构建"。这些偏见没有任何好处，但它经常影响我们的行为，也影响团队和组织的行为。

所以要对偏见保持警惕！偏见阻碍了创新，特别是阻碍创意、原型设计、假设工作及进行内部数据收集或反馈会议。当你听到诸如"这永远不会得到董事会的批准"、"我们试过了，但失败了"或"没人想要那样做"的说法时，请委婉地将这些说法视为值得考虑的参考意见，但它仅仅反映的是过去。提醒团队，我们必须从过去的错误中吸取教训，但仍要着眼于未来。

> 找到一种方式，将我们的所见所闻与渴望听到的所有观点（无论是"旧闻"还是"新闻"）从情感上连接起来。

我们需要保持沟通的开放和流动。毕竟，今天的问题与昨天的问题并不完全相同，也不可能总是用昨天的方案来解决。正如我们接下来将看到的，如果我们能从更广泛、更多样的潜在想法中汲取灵感，我们就有更好的机会解决今天的问题。

7.5 多元化的矛盾

需要明确的是，多元化团队并不是推动创新的万能良药。为什么？因为人就是人，容易犯错的人，容易受到偏见和默认模式影响的人，这些都会阻碍他们每天在工作中全力以赴。

除典型的（和预期的）沟通和文化挑战之外，还有另一个重要问题：创新成果的数量和质量。具体来说，在高度多元化的团队与创新成果的数量和价值之间存在一种众所周知的权衡（Flemming，2007）。团队的多样性越强：

- 新想法越多。
- 突破性创新的数量越多。
- 失败的次数越多。
- 从统计学上讲，创新实现的均值越低。

请再读一遍上面的文字。我们想要新想法，我们需要新想法，我们不断地呼唤。但有些想法很好，有些则不太好。不过，有了这些想法，我们自然会发现其中既有成功的经验，也有失败的教训。

> 事实上，对于多元化团队来说，创新成功的分布情况是，在每个创新均值稍低的情况下，产生了大量的创新，这是一个受欢迎的结果，相比之下，低多元化团队产生的创意少，在每个创新均值稍高的情况下产生了极少的创新。

与自由市场经济类似，多元化悖论的结果扩大了我们的"蛋糕"（也就是我们的思想基础）规模。所以，虽然多元化悖论表面上似乎暗示着一些负面的东西，但这个悖论本质上反映了一个健康的整体结果：想法池越大，随之产生的创新成果越多！

7.6 明确角色：为结果而组织人员

在明确角色时，要按团队和特定的目标、结果或职责来组织人员。此外，考虑项目集（项目）是如何作为虚拟领导团队、架构委员会等的结果而形成矩阵的。

主要的虚拟领导团队包括：

- 管理级指导委员会。
- 工作级指导委员会或业务指导委员会。
- 架构审查委员会（管理战略技术决策和方向）。
- 变更控制委员会［管理项目集（项目）范围的变更］。
- 利益实现委员会或质量委员会［跟踪项目集（项目）的利益实现，以及利益实现的质量和时间］。
- 合格/差距审查委员会（评估策略、用户影响、财务影响及其他与填补差距有关的事宜）。

这些委员会和董事会成员跨越不同的团队，为一个或多个委员会或董事会的特定角色建立了弱关系或矩阵关系。然而，每个角色正式地与一个且仅一个团队或一个组织联系在一起。通过这种方式，我们保持了所有角色和每个团队之间的清晰性和简单的一一对应的强关系。角色可能存在的强关系例子如下：

- 项目集管理办公室（每个项目集一个）。
- 项目管理办公室（每个子项目一个）。
- 架构和技术团队（可以共享）。
- 变更管理团队（管理最终用户变更）。
- 质量保证团队（可交付产品、代码、测试用例等的质量保证）。
- 开发或"构建"团队（创建解决方案并最初测试解决方案）。
- 功能测试团队。
- 性能测试团队。
- 功能安全团队。
- 技术安全团队。
- 审计团队。
- 培训团队。
- 运营/支持和各种后台服务团队。

7.7 团队速度：为速率而装备团队

除了角色和团队清晰度，我们还需要以一种方式来经营团队、武装团队，让他们快速行动，减少实现价值所需的时间，同时促进健康的合作，开展健康的团队活动。与设计思维一致的团队建设包括以下几点：

- 练习和模拟信任。当个体明显地彼此信任时，团队存续的时间越长，行动越快，越理智地尝试和承担风险（这可能成功，也可能不会成功，与边失败边快速学习一致）。

- 实施问责制。为了保持信任，我们需要确保当团队说他们要做一些事情时，他们会遵守承诺。追求结果是生活中很自然的一部分，不用回避。我们在此把追求结果作为一种强化重要性的方式。

- 加大透明度。为了加强责任和信任，要展示团队实时看板和其他"看到"团队正在取得进展的工具。这样的看板提供了对瓶颈和障碍的可见性，这些瓶颈和障碍会在项目集（项目）的生命周期中自然发生，增加可见性可以为团队和 PMO 提供更多的时间来解决这些问题。

- 降低负担。创建更扁平化的组织，减少管理层次和层级，以增加可见性，简化问责制，并加速决策。

- 设置更少的阶段关口。减少"止步"次数或减少阶段关口次数和其他检查点的数量，让团队经常可插入过程中，确保团队在创建可交付成果或文件时一起工作，这样，那些原本需要审查交付成果或审查文件的阶段关口把关人现在不需要了（或只需要更少的阶段关口和审查次数来进行最终审查）。

7.8 多元化团队的额外好处

建立多元化和包容性的团队是给建立者自己的奖赏，产生的好处是允许项目集（项目）团队解决其他难以捉摸的问题。除了改进创新、构思和利用不同的思维与解决问题的方式，跨界和跨文化团队还为母公司提供如下好处：

第一，通过"跟随日光的方式"跨时区工作，加快构思、解决方案、测试和支持的速度。

第二，类似地，通过以日光为主安排工作时间来减少采光成本。

第三，利用多地点的低成本劳动力和专业技术：

① 获得以往没有的专业知识。

② 使项目集和项目之间能够分享专业知识。

③ 帮助减少单个站点或团队的人才流失。

第四，用更广泛的经验和洞察力来识别、转移和减轻风险。

第五，帮助团队自然地跨越以前被视为边界的界线，从而扩大其影响力和能力。团队可以在追求世界级卓越的同时，建立全球基地：

① 在多地建立业务基地，这些业务基地反过来可以随着全球和本地需求的发展而扩大和发挥作用。

② 根据本地需求定制问题解决方案。

第六，财务利益和灵活性带来的好处会加强多元化团队的效率和价值。

7.9　建立有效团队和协作工作场所的指导原则

我们根据第 6 章中涵盖的组织文化知识，以及关于利用文化创建有效团队的意义等知识，提炼出下列指导原则。

第一，很少有有价值的事情可以独自解决或有效地完成。项目集（项目）是包容性的团体行为，而不是个人努力。

第二，通过设计实践多样性，在团队中追求和构建多元化。

第三，信任是维系多元化和包容性团队的黏合剂。考虑一下你是如何构建这种信任的（构建的怎么样？）。

第四，信任也是帮助维系团队长期存在的黏合剂。高损耗往往意味着低信任。

第五，透明度可以看作责任心的倍增器，并在团队间建立起相互尊重（如果不是共情的话）。

第六，如果团队没有围绕其目标或结果组建，没有单一的目的或定义明确的目的，那么这个团队要么太大，要么不再需要。

第七，每个人都有偏见。那些没有意识到自己有偏见的人会在无意中损害关系和声誉，从而对工作氛围产生负面影响，并最终影响整个组织文化。

第八，偏见反映了过去。可以从过去中学习，但更重要的是考虑今天的事实和未来将会出现的现实。

第九，委员会和董事会（虚拟董事会或虚拟团队）推动了矩阵型关系。这些矩阵的使用也是增强不同团队之间关系及增强组织上下等级关系的路径。

第十，在建立团队之前，要了解组织的顶层文化和未来团队成员的个人文化或底层文化。工作氛围是两个层次之间的"润滑剂"。

第十一，就像好的团队领导一样，好的团队"服从精神"也同样重要。

第十二，反思型团队是有效的团队。通过有意的和定期安排的反馈或后台简报会议来模拟设计思维。根据吸取的经验教训来进行修正。

第十三，不同的视角为解决难题提供了最好的机会。把视角向四周扩展，相信你已经找到机会了。

7.10 本章小结

本章以第 5 章和第 6 章分别建立的沟通和文化为基础，通过建立团队过程和协作团队建设来探索多元化。我们探索了有效且协作的团队组建的运作原则，随后介绍了一些观点，如经常被忽视的偏见和多元化悖论。

本章总结了为了明确角色和更快地实现时间价值而组建团队，提出了组建多元化团队的非创新优势，以及建设有效团队和协作性工作场所的指导原则。

在本章中涉及的所有设计思维方法，在附录 B 中做了详细介绍。

7.11 本章案例研究

Harmony 项目集总监对项目集委员会、董事会和团队之间的多元化所起的作用感到好奇，都说多元化是创造更有效、更协作的工作场所的一种方式，他很想听听你对这一观点的看法。他要求你回答一些特别的问题，以填补他对有效团队理解上的空白。

本章案例研究思考题

1. 个人要通过哪些方式来提升团队的效率和协作性？

2. 圆、矩形和圆柱体的故事说明了什么？

3. 既然设计思维提出了应该在"构建中思考"的概念，为什么还要避免行动偏差？

4. 透明度如何与问责制及信任相联系？

本章案例研究的答案参见附录 A。

第 8 章

项目集和项目计划
Program and Project Planning

本章主要内容

o 启动阶段：项目章程、项目相关方和 PMO

o 定义和计划阶段：编制计划和生成文件

o 设计思维在定义和计划阶段的应用

o 为资源动员做准备

o 创建 PMO 的指导原则

o 创建计划和生成文件的指导原则

o 本章小结和本章案例研究

计划要与项目集（项目）管理的启动阶段及定义和计划阶段相一致（见图 8.1）。

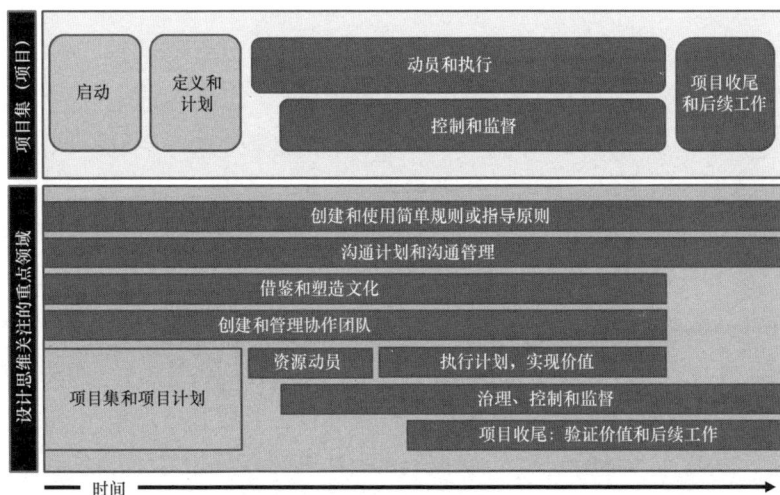

图 8.1 计划阶段开始应用设计思维的最早时间

尽管"构建中思考"的设计思维方法告诉我们，我们需要立即开始构建，但计划仍然是成功交付服务、能力或成果所必需的。因此，仔细地将设计思维应用于这项工作将有助于更好更快地完成它。在第 3 章的基础上，本章引领我们通过应用设计思维来建立项目管理办公室，思考我们将在项目旅程中遇到的危险，建立跨越项目集（项目）管理的各种规划过程，等等。在附录 B 中可了解更多内容。

8.1 启动阶段：项目章程、项目相关方和 PMO

启动阶段的第一步是编制项目集（项目）章程，它是一份由项目集（项目）创始人或发起人发布的文件。该章程记录了"顶层项目描述和范围边界、顶层需求和风险"、相关方、概要级的里程碑、关键交付成果、成功标准和预先批准的财务资源（参见 PMI，2017），以及支持项目集（项目）的商业论证。章程是规划其余工作的总体"起点"。

> 要为项目集（项目）章程编制出色的或标准化的文档，我们所能做的最明智的事情就是使用标准化的模板。

因为 PMO 还没有建立，我们需要从其他资源渠道获取模板。可考虑从以下资源中寻找：

- 在组织内部查找以前的项目集（项目）章程，这些章程可以作为我们的模板。
- 在网上搜索项目合理启动的模板（许多网站都提供了很好的例子）。
- 寻求第三方帮助，如系统集成商。
- 最坏的情况是，按照项目管理协会关于项目章程的目录内容的详细指导（2017）从零开始编制。

接下来，我们需要识别与项目集（项目）相关的所有相关方。绘制并使用相关方图谱，形象化地确定在项目集（项目）的解决方案和其他预期结果中具有利害关系或既得利益的所有角色或群体（相关方登记册服务于许多相同的目的）。围绕用户、发起人、高层领导、合作伙伴及由 PMO 管理的解决方案所需的各种团队来绘制相关方图谱。PMO 管理的团队有设计团队、开发团队、测试团队、部署团队和运维团队等。

> 使用相关方图谱来发布和开发整个项目集（项目）管理计划及其子项目的计划。

严格来说，虽然下列内容不是项目管理协会指南的一部分，但出于我们的目的，我们想涵盖建立项目集（项目）管理办公室的所有内容。PMO 是提供项目集（项目）管理支持功能、模板和指导的治理组织。在建立 PMO 时，要考虑以下关键问题：

- 确定所需 PMO 的类型，有底层的支持性 PMO，中层的监控性 PMO，高层的指导性 PMO。与启动者或发起人和项目集（项目）最早的领导人和策划人一起工作，运用头脑风暴方法，执行文化评估，应用模块化的思维来确定并开始最佳 PMO 设计。

- 确定最有效的初始 PMO 领导类型，其有效性排列如下：魅力型或远见型、情景型、变革型、服务型、事务型，以及其他类型。在这种情况下，项目集（项目）的类型将有助于选择必要的初始领导风格。复杂的转型项目集（项目）往往从有远见的和高度活跃的领导者和变革代理人中获益最多，但所有类型的项目都欢迎透明和共情的领导。

- 开始时所需的领导风格可能与后期执行时所需的领导风格不同。为了使 PMO 领导战略与时间范围保持一致，要考虑正在执行的工作类型和完成该工作所必需的影响和监督。

- 根据 PMO 的类型，利用组织过去的经验、标准化模板和项目管理协会的指南（2017），开展组织设计。

- 为 PMO 的关键岗位匹配人员，这些人要符合我们所期望的领导能力和工作风格，从匹配项目集总监或项目经理开始，接着是团队领导、按工作逻辑形成的小组领导，然后再匹配其他关键成员。尽可能地让领导者组建自己的团队，招聘团队成员。可以用科布悖论和矩阵来反思和评估一些项目管理的特定领域，这些领域显示了项目集（项目）失败的关键原因（参见第 10 章和图 10.2，可获得更多信息）。

- 还可以考虑如何通过在这些最初的领导角色和团队之间寻找并创建共同的线索或主题来增加共享身份，这将有助于建立和塑造 PMO 的文化，并影响工作氛围。

- 一旦 PMO 团队的核心成员到位，就开始建立 PMO 的简单规则（用谁、什么、何时来描述团队）。关于思考和创建这些规则的更多信息，请参见第 4 章。
- 最后，创建 PMO 的指导原则（如何做），在本章的结尾提供了一个示例。

PMO 及其领导者为建立一个健康和建设性的工作环境做出了很大努力。重要的是要记住 PMO 领导不会取代由组织的高管团队设定的基调。

> 领导者对行为进行建模，并通过这种建模有效地指出哪些行为是可以接受的，哪些是不可以接受的（Graziano，2019）。

一定要广泛理解整个组织高层的领导基调，PMO 将依据领导基调开始工作。

8.2　定义和计划阶段：编制计划和生成文件

在第 3 章已经看到，我们需要编制计划，编制工作会产生大量的文件材料，对这些材料进行加工处理，然后使用这些材料来管理项目集（项目）工作。美国项目管理协会（2017）将这项工作称为计划过程组，而我们把这个过程组扩展了一点，也包括"定义"中确定的基础性文件。

以下内容反映了项目集级别的计划和相关文档内容，我们生成的这些文件共同构成了项目集管理计划。即使我们不是在管理一个项目，但在考虑问题和做计划时，这五个领域也是非常重要的：

- 战略管理计划：其中包括项目集路线图，说明项目集如何适应由项目集、项目和倡议组成的组织中更宽泛的项目组合。
- 利益管理计划：其中包括利益实现计划（由利益登记和分析、利益计划及利益交付组成）和移交与可持续计划（详细说明从项目集中获得的利益将如何转移到组织中，如何转移到持续的未来项目集中）。
- 相关方参与管理计划：其中包括相关方参与计划，该计划由相关方图谱和维护与管理相关方参与的过程组成。
- 项目生命周期管理计划：其中包括高层级的项目集阶段的描述和时间表、一系列项目集级的汇总计划、主计划，有时还包括支撑项目集的各个子项目的管理计划。

- 项目治理计划：包括治理角色和职责矩阵、各种治理机构的结构和组成、治理沟通计划（包括会议、重要阶段关口、项目集/项目绩效评审及批准后续工作过程的节奏）、简单规则、指导原则、其他决策准则及问题升级流程。在第 11 章，我们会探索更多的治理细节。

除了这些项目集级别的计划和相关文档，我们还需要为每个项目集中的子项目编制大量的计划和相关文档。这些计划和相关文档包括：

- 项目管理计划。它由下面一系列计划组成：
  o 范围管理计划。
  o 项目进度和它的可视化导出的甘特图、战术性的工作分解结构，以及任务排序和任务持续时间。
  o 项目成本和预算管理计划。
  o 质量管理计划。
  o 项目资源管理计划。
  o 项目沟通计划。
  o 项目风险管理计划。
  o 项目采购管理计划。
  o 项目相关方参与管理计划。
- 每个团队将使用项目变更控制过程来对各自的子项目进行变更和管理。
- 业务变更管理计划和相关的培训计划，需要帮助用户学习通过每个项目引入的新系统和流程。
- IT 变更管理计划，在这种情况下，作为项目的结果，IT 团队本身将需要学习新的技能。
- 数据迁移计划的初始基础。
- 技术集成计划的初始基础。
- 针对项目团队将在整个过程中生成的计划、相关文件、文档和其他材料的可交付成果评审过程。

8.3　设计思维在定义和计划阶段的应用

每个项目管理计划都是各自项目的战术剧本。每个计划都有一组独特的用户,计划是为他们构建的,但是计划本身反映了众所周知的需求和大量的一致性。因此,每个计划都可以以可重复的且低成本的方式设计:

- 为了构建所有的计划和文件,首先从一组标准化的模板开始,每个计划一个模板［就像我们开发项目集(项目)章程时所做的那样］。
- 有效的模板将有助于确保不会遗漏任何强制性或基础性的内容。
- 最好的模板也是模块化的,这将有助于通过在文档之间重复使用结构或内容来快速完成"编写"过程。

接下来,考虑如何将以下设计思维方法应用到每个计划或相关文件上:

- 根据时间范围调整战略。当我们制定路线图、时间表和其他面向时间的战略文件时,要考虑"现在"(实时)、短期和长期的时间范围。我们需要根据这些时间范围调整战略,如果想要短期、中期和长期愿景都实现,就必须把中期和长期愿景的优先级提升到与短期愿景一样重要的地位。
- 平衡偶然与必要。当编写潜在复杂的文档时,要考虑必要的复杂性与可以删除的复杂性。与极简主义类似,在不失去文件的意图或对用户价值的情况下,尽可能地编写简便文件。
- 考虑需要围绕执行每个文件的反馈循环,以帮助我们应用从原型设计、迭代、测试和其他设计思维活动中学到的知识。

> 设计思维的另一个关键好处是循环的概念或"循环应用学习成果"。

- 在计划或文件的测试或试用期间,以及在最终解决方案正式部署后,考虑如何使用游戏化来创建另一个反馈循环,或者推动行为上期望的改变,包括更广泛、更快地采用计划。
- 同样,一旦计划、过程和文件实际使用,要注意寂静设计(Silent Design)工作。例如,通过观察用户对文件所做的修改,来向用户学习并收集反馈,了解用户为提高效率是怎样对文件进行"标记"或修改的,以及用户如何处理不满意的领域。

> 跟踪寂静设计背后的理念是将学习成果反馈到解决方案或文件中。要积极主动地询问用户需要哪些不同的做法,以使解决方案或文件更有用或更以用户为中心。

- 增加共享身份。当编制特定于项目的过程和文件时，构建在 PMO 建立时开始的工作，并为共享经验（团队聚餐、工作后集体活动、咖啡晨会等）创造机会。努力在新人/团队和现有人员/团队之间建立共同的关联或联系。这些关联和联系有助于用相似点取代"差异"，所有这些都有助于创建和维持共享的愿景，推动更牢固的关系和协作，并进一步塑造团队的工作氛围和组织文化。

- 运用模块化思维和构建。以可重用性的名义，为了降低文件/文档维护的周期，创建模块化组件（这样，标准组件或模块就可以在文档之间共享和重用，或者重新组合，以创建相关方将来可能要求的新文件）。

- 在编制项目集（项目）计划及其他文件之前，对将来的用户和读者进行共情诱导或进行简单的人物角色分析。这样做可以更容易地了解计划和文件要怎样编写，且可据此为使用文件的特定人员的要求编写计划。

- 当要制订培训计划时，再次使用人物角色分析过程来组织用户。选择可能适合某种培训形式或风格的文化特性（例如，非正式的知识转移课程、更正式的基于课堂的教育课程、实时援助的自助工作辅导和紧急维护的指导）。

- 制订风险管理计划和类似的假设分析文件，用卡玛分析（CARMA Analysis）筛选和比较影响风险的因素，然后用预检法先考虑可识别的风险，为什么这些风险是可识别的，怎样去识别它们，如遇到妨碍风险识别的情况，可用风险减轻战略来处理。在帮助团队发现和讨论思维中的偏见（认知偏见或群体偏见）活动中，基于群体的预检法也许是极好的方法。

- 最后，为了帮助确定解决方案、计划、过程和文件的可行性，要收集用户参与度指标，以跟踪使用情况，以及用户要求的参与度程度。

上面列出的这些内容并非全部，你会发现其他技巧和方法也很有用。再次提醒，请参考附录 B 中分享的设计思维方法。

8.4　为资源动员做准备

在计划和关键材料准备就绪之后，我们要将注意力转向剩余的"准备"任务，这些任务是我们必须作为即将到来的动员阶段的一部分处理的。总体来说，我们需要考虑的有：

- 核实积极的发起人和高管的参与。
- 招聘剩余的关键角色。
- 留住有价值的员工！（Anitha & Begum，2016）
- 让所有人做好准备或动员起来。
- 带领每个团队到达起跑线。
- 确保每个团队都制定了简单规则和指导原则，并通俗易懂。
- 确保每个团队成员都有需要执行任务的工具和其他资源。

在第 9 章中，会详细讨论以上这些问题，是围绕我们在第 1 章中讨论过的风险内容进行材料组织的。

8.5　创建 PMO 的指导原则

作为建立的第一个团队，项目管理办公室在为成功的项目集（项目）做好准备上扮演着关键的角色。要扮演好这一角色，要考虑以下指导原则：

- 项目章程赋予 PMO 权力。理解这些权力的边界在哪。
- 项目管理办公室将为项目集（项目）设定领导和文化的基调。因此，要谨慎地配置和安排 PMO 的工作人员。
- PMO 交付商务成果和利益。通过建立和衡量关键绩效指标来保持这种关注。
- 项目开始时的领导风格可能不是我们可长期感受到的领导风格。从领导的角度考虑什么是需要的，什么时候需要。
- 为了增加团队成功的概率，也为了增加领导者的责任感和认同感，尽可能地允许领导者为团队配备员工。
- 很少有比领导者的伦理失误和彻底的道德失败更玷污或摧毁项目集（项目）的问题。仔细了解领导者，并对他们进行背景调查。
- 虽然主动性可以模仿或教授，但主动性的跟踪记录是无价的。寻找驱动主动性的证据，"完善证据"或继续寻找。
- 思考"根据态度招聘，根据技能培训"这句话，意识到在很多情况下仍然需要一定的技能。

- 寻找和聘用"全学"和"全听"的人，而不是"无所不知"的人，后者根本不存在。
- 有经验的人力资源不一定是最合适的资源（如果有的话）。经验只是资历的一个方面。
- 采用模块化组织设计，以促进资源共享和资源复用。
- 如果不必出强硬措施，就用简便治理方法。
- 通过简单规则练习了解自己——团队、项目、项目集或组织。
- 在决定采用何种类型的项目管理办公室之前，以及在为 PMO 配备人员之前，都要考虑文化影响。
- 如果正在建立一个支持 PMO 的模型，选择第三方供应商时，要考虑他们带来的方法、工具和模板是否专门为被要求执行的项目集（项目）设计的。
- 当不可避免的问题出现时，关注问题本身和潜在的行为，而不是人。
- 透明和共情的领导方式有助于建立和留住最优秀、最聪明的团队（Tyler，2019）。多数人都知道人无完人，但领导者要保持谦逊的形象和"年轻的心"。

8.6　创建计划和生成文件的指导原则

为了快速编写可用的计划和相关计划文件，我们来回顾一下各种设计思维方法。

- 了解每个文件的用户或用户社区，并准备好反映他们的需求。
- 通过标准化模板加快进度，避免漏掉关键内容。
- 首先关注计划或文件材料的内容目录。有了正确的内容目录结构，内容本身就更容易编写、编辑和管理。
- 采用协同创新，与将使用它们的人一起创建文档和其他文字材料。
- 尽早将文件按社会通用的标准准备好，并经常对目录、格式、风格和内容等进行修订。
- 内容为王。关注交付计划中要交付的最重要的是"什么"，要交付的可交付成果中最重要的是"什么"，要交付文件中最重要的是"什么"，要交付的其他工作产品中最重要的是"什么"。

- 关注可用性或易用性及内容。创造和使用有意义的数字和图片。

- 在计划、文件材料和其他文档之间保持一致。使用相同的格式、字体、加粗显示和颜色编码，直到有充分的理由，才可略微有差异。

- 解释所有计划、文件和其他文档中的缩写词和术语，并给出全拼。随着时间的推移，新用户会加入项目集和项目中，因此，不要假定所有人都已经共享了词汇表。

- 记住适应"三次规则"，即需要三次迭代才能真正得到正确的结果。

- 在文档创建和评审过程中建立反馈循环。吸收游戏化手段和借鉴寂静设计。文档越大众化和使用得越多，我们就有越多的机会弥补差距或其他缺点。

- 将所有文档存储在一个安全且易于访问的文档管理或协作系统中，可以就地对文档进行编辑、版本控制、审计、定期备份和维护。

- 在项目计划或日历中标注时间，至少每季度更新关键计划和动态性文件。如果不标注时间，则可能永远都不会更新。

8.7 本章小结

本章介绍了启动阶段，随后是定义和计划阶段。我们学习了应用大量的设计思维方法来创建项目集（项目）章程、相关方图谱、项目管理办公室，以及大量的计划和文件。所有这些计划工作都为动员搭建平台。我们在本章中也总结了一套创建 PMO 及编制计划和文件的指导原则。

在本章中涉及的设计思维方法的所有内容，在附录 B 中做了详细介绍。

8.8 本章案例研究

你被要求帮助完成一些与启动、定义和计划阶段相关的初步工作。如你所知，Harmony 项目集是一项由几个子项目组成的多年的转型工作。Harmony 的相关方需要你回答几个与项目集计划和项目计划相关的问题。

本章案例研究思考题

1．你应该首先阅读的总体"起点"和关键的基础文件是什么？这个文件从哪里来？

2．哪些设计思维方法可能在确定要创建的项目管理办公室类型时有用？

3．哪种设计思维方法可以作为创建可重复的和一致的文档的通用起点？

4．有这么多的计划和其他文档要编制，可以使用哪些设计思维方法来帮助我们，确保我们理解了受众或用户的需求？

本章案例研究的答案参见附录 A。

第 9 章

有效动员资源
Mobilizing for Effectiveness

本章主要内容

- ○ 处理剩余危险
- ○ 招聘员工、安排工作和入职培训
- ○ 验证和提升能力
- ○ 资金、预算和合同
- ○ 确保积极的和可见的发起人
- ○ 准备改变
- ○ 移除剩余的功效阻滞剂
- ○ 有效动员资源的指导原则
- ○ 本章小结和本章案例研究

动员或准备执行是本章的主题（见图9.1）。我们将涉及若干准备领域，包括在第1章中概述的处理剩余危险。对于每种危险，我们将参考设计思维方法，这些方法被证明在减轻、规避或消除危险方面是有用的。

9.1 处理剩余危险

在完成了启动、定义和计划阶段的工作之后，我们需要动员人员和团队。动员是项目集（项目）执行的漫长旅程中的第一步。在本章中，我们将介绍动员并克服剩余风险的意义：

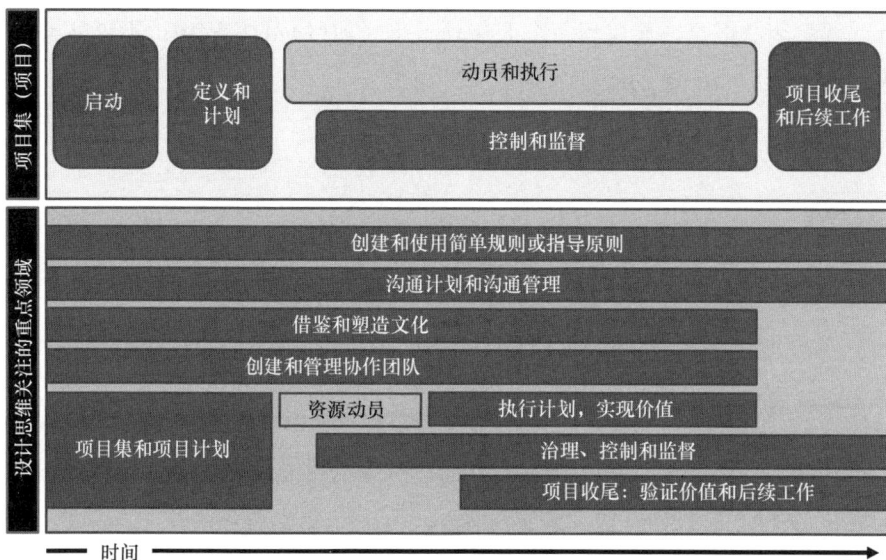

图 9.1　动员人员和团队建设是设计思维重点关注的关键内容

- 通过为团队配备人员、安排工作和团队成员入职培训来避免人员配备陷阱风险。
- 通过验证与提升团队能力和整体准备来跨越能力鸿沟风险。
- 通过确认文书工作是否有序到位，跨越预算中断风险，避开合同混乱风险。
- 通过确保有积极和持续可见的发起人来管理"火山"爆发风险。
- 通过确保团队为面临的变更做好准备，来驾驭不可避免的变更风险。
- 关闭剩余的"功效强盗"和其他可能影响完成繁重工作的"拦截器"。

鉴于其关键路径的重要性，让我们首先转向人员配置问题。

9.2　招聘员工、安排工作和入职培训

人员配备就是招聘。遗憾的是，招聘员工往往是一种权衡训练。一方面，我们想要和需要的是不仅有经验，而且有资质做这项工作（经验是资质的一个重要方面，但它不是一切）的人。

另一方面，在文化上和情感上我们还需要雇用聪明和成熟的人，因为他们拥有处理模糊事务的态度和能力，尽管存在文化差异和其他差异，但他们能有效地

工作，并与团队成员一起确保每个人在项目集（项目）的旅程中，不仅能够生存下来，而且能取得一流的成绩（见图9.2）。

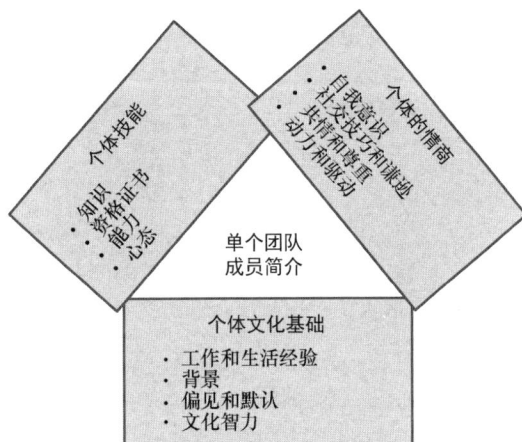

图 9.2　影响团队成员的三方面

利用跟踪和特定情况下的团队协作来帮助成熟或高水平的个人和团队。

> 对于关键的领导角色，为了避免在人员配置上难以平衡，会要求满员。在其他情况下，培训或开发团队成员可能随着时间推移再"完成"满员计划。

9.2.1　安排工作

通常，我们为组织中的特定角色或职位匹配员工。但在项目集（项目）早期，要有一些灵活性，因为组织本身是更灵活的。我们需要全盘考虑员工和组织结构。

- 员工如何帮助我们创建一个能力丰富的组织？
- 我们应该如何构思或创新，以迎合组织中遇到的超级天才，尽管缺乏完全适合他们的角色？我们能在多大程度上为特定的高绩效员工创造特定的角色？
- 我们应该如何组织需要完成的工作？在不同的业务组织和 IT 组织之间是否存在可以利用的自然团队边界？运用设计心态和头脑风暴去构建组织结构。

- 如果引入第三方系统集成商或软件安装伙伴，是否应该将他们的职位与项目集（项目）团队中相似的职位相匹配？这种团队结构被称为"双岗制"或"配对"，适合创建协作的工作流水线或团队（冒着工作难以平衡的风险，但确保工作可以被分配出去）。
- 需要什么样的简单规则和指导原则来确定谁、什么任务、何时及如何共同描述组织的结构和运行？

9.2.2　团队成员入职培训

团队成员一旦被聘用参加某个项目集（项目），就要办理入职手续，而且需要有人引领他们融入团队中。有效的入职培训需要做好计划并进行大量的准备。把入职培训做好也是非常重要的工作。

> 为不可避免的人员流失或员工的长期疾病做准备，解决资历不足、能力不足或文化不适应的问题，为团队未来的需求做计划，要求我们在新员工快速有效入职培训方面成为专家。

如何在项目不同阶段平稳地将新的团队成员融入项目集（项目）中？应该在与每位团队成员分享的新员工入职培训文件包中包含什么程度的细节？作为初学者，请想想新团队成员的日常生活，想想他们在最初的几天和几周内会面临什么困难，需要什么帮助。用极简主义创建一份入职培训文件包，与初学者一起分享入职培训文件包应该包括的主要内容：

- 项目集（项目）的愿景和正在解决的问题。
- 对整个工作范围的高度概括。
- 一份高级项目路线图或关键里程碑时间表。
- 要创造的关键工作产品列表，包括解决方案、可交付成果和相关文档的描述。
- 相关方图谱、决策权限图和相关历史或其他细节。
- 现场物流，包括考虑物料存取和安全监管，以及关键联系信息。
- 工作标准和协作工具（包括这些工具的存取和基本的"如何使用"的指导书）。
- 实施方法的高级视图。

- 沟通规范和期望的初级版本。

其他事项也需要审议，特别是在离职人员和入职人员之间存在转换过程的情况下。

- 在新员工和即将离职的员工之间留出过渡时间。考虑使用跟随或日常生活模仿技巧。
- 考虑使用好友系统，一个新团队成员搭配一个经验丰富的团队成员，在一段时间内（如聘用后的第一个月）帮助解答新团队成员遇到的问题，提供背景资料，为新成员提供机会，让他们轻松地进入新角色，愉快地融入新文化。
- 允许新团队成员用观察、一起工作或以其他方式，不仅跟随另一个项目集（项目）团队的成员，而且可以跟随项目集（项目）的业务用户。这样做将为他们提供进入组织的另一个连接点，同时让他们与那些将受到项目集（项目）工作影响的真正社区共情。

9.3　验证和提升能力

每个团队成员都为项目集（项目）团队带来一套本事。其中一些能力可能非常专业（例如掌握特定领域高深技术的技能），其他能力可能更加普遍或难以量化（例如在含混不清的情况下有效工作的能力，或与他人很好合作和协作的能力）。

无论如何，能力就像一座"桥"，连接着项目集（项目）路线图上的许多鸿沟。重要的是，团队可反映出项目旅程中求生所需能力的广度。幸运的是，并不是每个人都需要每种技能。如果有很多相同的鸿沟，我们是否有机会使用规模效益的方法来处理？

> 如果团队不能承担所负责的工作，其结果就是减慢工作速度，潜在地导致团队义务失衡和团队倦怠，影响进度，并给上级组织带来负担。

能力也反映了一定的成熟度水平，类似于经验和严格过程（或形式）的组合。不成熟的能力将以混乱的方式交付，而更成熟的能力将反映已定义的步骤和成熟度。当组建和开发团队时，需要考虑每位成员当前的能力和成熟度等级。在某些情况下，除跟随、指导和正式的培训之外，我们可能需要制订一份备用计划，根据交付的成果情况，来提升团队成员当前的能力或成熟度等级。在其他情况下，游戏化和类似的技术可以帮助提高团队凝聚力和强化新行为。

9.4　基金、预算和合同

项目集（项目）在执行之前和执行期间包含了大量的文书工作。这些工作必须得到资助和批准，预算需要编制和管理，资源需要签订合同或许可。

- 项目集（项目）章程中是否规定了初始预算？足够吗？预算拐点已知吗？
- 如果需要，有应急基金可用吗？如何获取这些资金？组织的领导团队或指导委员会是否批准了额外的开支？额外的支出是否取决于为（特定的）时间范围所制定的调整战略？
- 如何及何时追踪财务状况？对于最大的项目集，是否应该绘制一张特定的财务角色和相关的用户旅程图？
- 合同和许可证是否经过采购审查和法律审查？是否已经获得了正确的授权来开发和部署我们打算开发和部署的内容？是否需要完成额外的授权？是否要完成单独的授权？是否要完善相关的文书工作？
- 所有的合同都签署和执行了吗？是否与合作伙伴或其他第三方存在合同或许可需求？是否应该执行预备检查来帮助考虑潜在的许可和合同中"如果……会怎样"的问题？
- 还有一些特定的情况或问题需要提前考虑。
- 有些人从原来的岗位上抽调出来，去承担项目集（项目）中的临时交付任务，是否有资金可以"补充"这些岗位空缺？大型转型项目中的大多数岗位都要求全职人员，团队成员同时扮演两个角色［兼顾老岗位角色和在新项目集（项目）中的角色］是不切实际的。
- 有团队成员的培训和差旅预算吗？
- 是否依赖其他可能影响预算或日程安排的正在进行的项目集（项目）？在合同中是否还有要处理的依赖关系？

9.5　确保有积极的和可见的发起人

积极的发起人必须从第一天开始，与团队一起制定并发布项目章程，并且发起工作必须持续到项目集（项目）结束。

> 缺乏强有力的发起人被认为是项目集（项目）失败的首要原因。对于复杂而持久的项目来说，更为关键的是管理发起人的参与。

发起人制定并分享战略愿景，带领大家做好高层相关方的工作。这种愿景必须与所有相关方和关键团队成员共享，分享的内容包括：

- 我们想要解决什么业务问题？
- 我们解决这些问题的战略是什么？
- 成功是什么样子的？我们如何衡量它？
- 我们的明天和今天有什么不同？为什么这种不同很重要？
- 是否在相关方登记册和相关方图谱中确定了所有的相关方？相关方图谱有定期更新吗？
- 是否所有相关方都在愿景上达成了一致？是否有机会增加共享身份？
- 在反馈循环中，用了什么方法将思想和观点反馈给发起人和其他相关方？

每个人都要知道项目集（项目）工作是由最高层领导支持的。很多时候，高层管理团队不能提供清晰的远景，这一缺陷会使整个组织变得混乱。

发起人就像"教练"，他们在组织内施加影响，让每个人都朝着同一个目标前进。我们需要教练时常在场！当项目集（项目）不可避免地遇到问题时，我们需要教练满怀信心地出现在面前，为我们引路，充分准备好所需的数据，做出必要的决定，让事情回到正轨。

9.6　准备变更

在实施项目集（项目）时，变更有几种形式。可以说，最重要的是当项目集（项目）以交付的解决方案、新系统和新业务流程的形式交付价值时，业务就要相应地实施变更。

9.6.1　业务变更管理

业务变更管理既要推动合理的业务变化，也要保持参与。业务项目的发起人和其他业务领导者都需要得到组织的尊重，以便在整个项目实施的旅程中做出艰难的决定和权衡。他们还必须理解组织的"痛苦"，推动变更，减缓组织的"痛苦"，并帮助组织消化这种变更。这个旅程中的问题包括：

- 随着项目集（项目）的推进，在整个企业及其人员中，怎样清晰地阐述并加强总体业务目标？是否存在协作创新的机会？
- 执行团队与项目集（项目）的匹配程度如何？与董事会配合如何？
- 我们做了什么来帮助非业务团队成员广泛理解用户，并与用户共情？我们是否有共情图可借鉴？
- 是否有项目集层级或更高层级的即将发生的变更（如合并、收购或剥离）会影响当前正在进行的工作？新业务系统将影响哪些系统或过程？
- 是否存在从文化评估或更好地理解文化智力中获益的基本文化含义？
- 与业务部门一起工作的项目集（项目）团队应该为培训程序、业务准备和其他变更请求采纳工作等设计什么内容？日常生活分析是否有助于奠定基础？
- 代表项目集（项目）的每个职能团队是否都有组织的影响力和愿景来做出艰难的权衡或打破僵局？他们是否有权在业务层级或流程层级做出决策？每个人都对问题定义有共同的理解吗？
- 类似地，我们是否考虑过不同的业务团队或部门，以及他们的层次结构，即谁"赢得"了流程决策批准的权力？
- 我们有最好的、正确的主题专家吗？我们的设计心态如何参与或转变，使我们的主题专家发展成为"解决方案冠军"或"变革冠军"？
- 如何评估和奖励我们的商务主题专家，以推动正确的价值和动机？我们是否允许员工违背过时的规则、规章制度，或者不相关的交付过程（伯曼，2006）？除了表面上说说，我们是否真的相信，当人们得到重视时，他们会工作得更努力、更有成就感？
- 就主题专家而言，我们是否清楚地知道他们可能是代表项目集（项目）的人物角色？

- 就主题专家人员配置而言，我们是否有合适的"老兵"（有丰富的经验）和不太资深的团队成员（有较少的先入为主的概念，可以帮助我们以不同的方式观察和构思）的组合团队？

- 就主题专家工作负荷而言，我们是否准备了替补人员［以便我们的主题专家能够专注于项目集（项目），而不是兼顾旧工作］？

- 最后，我们正在做什么来制定和推动有效的变更接受和变更管理（Adoption and Change Management，ACM）策略？我们是否建立了一支强大的 ACM 团队？我们的 ACM 团队或其领导是否有帮助团队和用户在以前（和类似复杂的）项目集（项目）中实现解决方案获取利益的跟踪记录？我们是否使用了事后归纳分析、复盘练习和其他从过去工作中吸取的经验教训？

9.6.2　项目集（项目）变更控制

因为项目集（项目）范围很少保持不变，所以有必要提前考虑提议的变更将如何被公开、记录、审查、替换、跟踪和结束。

- 项目集（项目）要取得成功结果必定会有变更吗？如果是的话，有什么变更了吗？为什么到现在为止所提议的变更"没有实施"，或者认为没有必要呢？我们对用户旅程图的理解改变了吗？

- 有替代的解决方案吗？我们是否应该在短期（或较长时间）内进行一些发散性思维或采用极简主义？在做出决定之前，我们是否需要对变更或替代方案实施快速原型方法？

- 提议变更和实施变更所需的代价（费用/小时）和时间表（进度表）是什么？是否需要考虑时间节奏方面的影响？

- 如果变更被拒绝（被 PMO 或业务团队或其他受影响的部门拒绝）会有什么影响？在这种情况下，做出最终决定的问题升级路径是什么？我们的相关方图谱是否反映了这条问题升级路径？

9.6.3　管理 IT 团队变更

最后一种重要的变更类型会影响 IT 团队。正如业务团队必须为其流程中的变更做好准备一样，IT 团队也必须为其运行的内容、操作方式等方面的变更做好准备。从网络和存储到服务器（计算）和存储系统，与新的（传统的或基于云的）基础设施相关的变更可能是根本性的。变更还可能包括新的数据库系统和应用程序的集成解决方案。所有这些技术都需要新的方法和流程来进行操作、更新、升级、打补丁和一般的维护。

为了准备这些变更，要记录当前和未来的技术储备库，识别两个储备库之间的"增量"，并进行以下准备。

- 考虑相邻领域的团队需要时间学习和精通。在"当前"领域中可以利用什么来缓解到相邻领域的过渡？
- 我们要为一个更具体的时间范围做准备吗？
- 我们的变革要遵循逆幂律吗？还是一次会用太多的重大变更来压垮团队（请举例证明）？
- 由于团队仍需要继续承担管理旧技术库的任务，所以要最小化两个储备库的偏差。
- 如果许多团队受到类似的影响，建议采用"特许经营"方法引入变更和准备变更，像《规模效益》一书中解释的那样。如进行较小的调整，可以尝试用跟踪方法。

9.7 移除剩余的功效阻滞剂

在进入第 10 章和项目集（项目）执行的核心内容之前，我们要考虑剩余的可能影响团队工作能力的因素或障碍。我们称之为"功效阻滞剂"，功效的概念与完成困难任务有关。任何阻碍完成困难任务的因素都要被减轻或消除！

> 看一个组织过去成功和失败的追踪记录，可以了解并优先考虑今天可能面临的功效障碍。

- 超过一半的变革项目集（项目）甚至从未完成，一些研究认为这个数字接近 80%。我们在哪些方面做得更好，有什么不同之处来克服这些困难？
- 我们是否注意到科布悖论，并从悖论中学习。科布悖论告诉我们，我们需要强大的项目经理和标准化的项目管理过程吗（在其他研究中有介绍）？

- 我们是否有完成困难任务的良好记录？我们总能到达终点吗？为什么能到或为什么不能到？
- 团队领导者找到方法来处理模糊事件、风险和问题吗？他们真的在领导吗？或者，我们是否要求过"超人"和"女超人"来带领我们从迷茫走向胜利？
- 团队是否能够有效地合作和沟通？我们如何衡量有效性的概念？
- 我们理解对其他项目集、项目、项目组合或倡议的依赖吗？
- 我们是否考虑过领导团队，现在是对人员、风格或两者兼而有之进行调整的时候吗？
- 我们是否在考虑结局？具体来说，我们是否通过部署策略进行思维（并将这种思维应用到当前的工作流水线上时要如何计划工作或调整结构中）？

面对上述问题，可考虑下列设计思维方法：

- 每个团队都要通过团队特有的预演练习来运行。未来会发生什么事情使项目集（项目）偏离轨道，如果偏离，又应该采取什么措施来避免这种情况发生呢？"五个为什么"怎样帮助我们探索未来？
- 是否有一套完整的指导原则来帮助我们快速思考对未来所做的决定和未来的未知因素？
- 当文化在一段时间内改变一个人的时候，我们应该在多大程度上以有规律的节奏来思考和评估文化？
- 我们是否在考虑时间范围，并特别关注经常被忽视的中期时间范围？
- 我们如何才能确保有多样化的设计团队来参与健康的沟通和协作？

随着风险被适当地减轻或暂时消除，我们基本上已经帮助团队到达了起跑线。让项目集（项目）正式进入实施阶段吧！

9.8 有效动员资源的指导原则

为了成功地动员人员、团队及利益相关方和发起人支持体系，可参考以下指导原则：

- 作为动员的一部分，每个团队都必须进行头脑风暴、识别、编纂、发布等工作，并遵循简单规则和指导原则。

- 人事决策往往是所有决策中最重要的。做足功课，检查推荐信，并且愿意承认（并采取行动）招聘时的错误。

- 不要将被误导的同情心与共情混为一谈。没有较高能力和正确态度的团队成员在错误的位置上工作，最终会损害团队的健康发展。

- 对于每个职位，不仅要了解个人在该职位上取得成功所需要的核心能力，还要了解胜任该职位所需的成熟度和经验水平。

- 针对每个团队成员，评估并制订人才开发计划，包括提高个人技能、个体情商和加强个人文化基础的教育培训（包括偏见矫正和文化智力培训）。

- 在进行动员、人员招聘和准备工作时，要考虑何时采用马拉松式的"长期"思维，何时采用冲刺式的"短期"思维，并认识到何时该改变这种思维。

> 请记住，许多项目的"最突出问题"在于平凡的文书工作和其他必须完成的行政事务。既要关注重要而有趣的任务，也要关注重要而平凡的任务。

- 为了安装大型的软件包，在动员过程中，在整个 PMO 和相关方社区里，进行配置与定制思维的比较，确保每个团队成员都理解并接受安装大型的软件包和定制新的软件开发之间的差异。

- 管理"变更"是每个项目集（项目）的核心。尽早灌输这个事实，并达成共识，可使变更的"痛苦"最小化。

- 永远不要低估积极又可获得的发起人的力量。追求和建立与发起人的关系，促使发起人积极参与。

- 完成项目集（项目）不只是让所有人一起完成任务。成功的项目集（项目）始于让核心团队在起跑线上做好准备，并行动起来。

9.9　本章小结

本章介绍了动员的各种任务。从人员配备和确认团队能力，到解决资金、预算和合同的文书工作，动员就是准备好执行。在围绕功效阻滞剂的讨论结束之前，我们考察了其他几个关键领域，包括发起准备和变更准备。在下一章中，我们最终要将先前的这些步骤付诸实施！

9.10　本章案例研究

FAST 领导团队和 Harmony 项目集核心团队需要确保项目集所有人员已经为进入执行阶段做好了准备。最近出现了太多的"准备就绪"问题，让人们感到紧张。项目集总监要求你在评估团队的准备情况和其他资源动员的重要方面提供帮助。

在本章中涉及的设计思维方法的所有内容，在附录 B 中做了详细介绍。

本章案例研究思考题

1. 在项目集执行过程中，团队肯定会面临许多问题。我们在本章中提到了哪些与动员和准备有关的问题？

2. 为了确认项目集团队已经集体"入职就位"，什么类型的信息应该包含在入职培训包中？

3. 需要验证的"变更准备"的三大领域是什么？

4. 你如何解释"功效阻滞剂"这一概念，特别是科布悖论告诉我们项目集（项目）管理的内容是什么？

本章案例研究的答案参见附录 A。

第 3 篇

高效执行项目

第 10 章

执行计划，实现价值
Executing and Realizing Value

本章主要内容

- ○ 执行阶段
- ○ 用演练验证路径是否正确
- ○ 项目执行过程组
- ○ 平行推进各子项目
- ○ 执行的效果和效率
- ○ 反思执行效果
- ○ 执行计划和实现价值的指导原则
- ○ 本章小结和本章案例研究

在本章中，我们将应用设计思维去执行项目集（项目）的真实工作，通过为项目所做的所有努力实现项目价值。本章建立在第 3 章已经提及的什么是项目集管理和项目管理的基础上（见图 10.1）。在本章中，我们要回答以下问题："我是怎样把设计思维应用到项目执行中去的？"

10.1 执行阶段

正如我们看到的，我们被动员和武装起来了，确定了工作范围，明确了项目需求，制订了进度计划，准备了一支致力于这一特定任务的能力强大的专业队伍，还有了完成项目的一些其他条件。"丑媳妇终要见公婆"，我们从此时此刻开始真正迈入战场！执行阶段汇集了实施项目集（项目）管理计划所需的所有资源，包

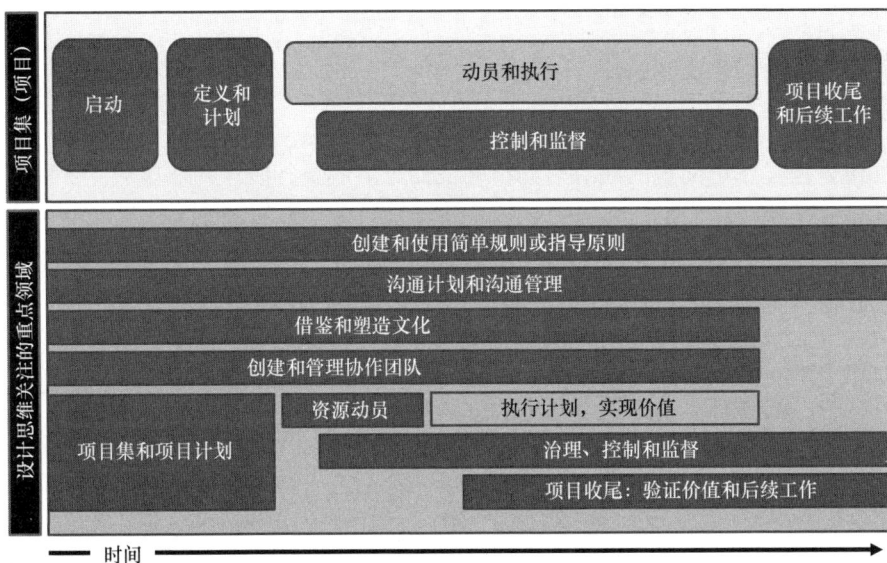

图 10.1　应用设计思维去更有效地执行计划，实现价值

括下面这些执行活动：

- 举办任何形式的最终澄清范围的研讨会，彻底理解工作范围。
- 创建并管理工作产品规划和其他在工作范围中已经识别的可交付成果。
- 审查变更请求，对变更请求进行优先级排序。
- 执行已经批准的变更请求。
- 采取正确的行动，必要时采取纠正措施，确保工作产品满足标准、工期、预算和其他指导方针或约束条件等要求。
- 主动跟踪，当新的风险被识别时更新风险管理计划。
- 必要时及时处理项目问题（对已经识别的风险提出应对策略）。
- 收集工作绩效信息。

通过这些工作，我们的计划才可"逐项落实，取得成效"。当然，我们首先要做的是对项目准备工作进行复盘，审核已经认识到的问题、解决方案和计划。

10.2 用演练验证路径是否正确

可以通过一个简短的演练活动帮助我们过渡到执行阶段。很显然，演练要重复或潜在地迭代我们创建和精练项目范围时已经完成的一些工作。

演练是我们正式执行计划前的简单一步，也是关键的一步。为什么？因为通过演练可以：

- 在将资源投入创造项目交付物之前，检验我们对项目需求的理解是否正确，对项目工作范围的确认是否正确。如果需求理解错误或片面就会产生错误的解决方案，其结果是，导致我们重新确认范围，修改设计，一切进程都要放慢，即要付出巨大的代价。
- 迫使我们去重新验证什么是在项目集或项目中需要首先解决的问题。
- 迫使我们去重新审视原本打算设计、规划和展示解决这些问题的方案是否正确。
- 帮助我们让更多团队成员达成共识（假定我们已经完成了更多的招聘工作，随后的演练就要这样做）。
- 作为一个"软"开始，在执行更大的任务之前，我们通过协作、知识管理、沟通和其他流程来进行工作。

通过设计思维启发的演练（Herold 等，2019）遵循以下几个步骤。

10.2.1 理解和强调

通过访谈和与项目集（项目）利益相关方及用户进行互动，寻求广泛的理解。鼓励用讲故事的方法来探寻和确认一般需求和最迫切的需求。

跟踪或实施关键用户"日常生活分析"类活动，以更好地理解用户的流程、痛点和难题。

检查当前的流程和用户目前使用的其他可用文件。

10.2.2 定义问题

确定每个用户社区的各个角色及其扮演者，包括每个角色的目标。

一定要了解他们特定的用户旅程图。

记录要求用户去完成每项任务时做出的具体决定。

继续记录和细化对问题和用户过程的理解，以及对痛点和挑战的理解，并定义问题。

10.2.3　构思

通过完成必要的前期工作，为构思做好准备；审查访谈和分析的结果；识别边缘情况和其他独特的场景或特征；确定哪里还需要进一步讨论；计划如何收集额外的信息或功能；最重要的是，抱有以解决方案为中心的设计心态。

识别相关团队成员并与他们一起工作。

把现有的和计划中的解决方案都摆上"架"（这样它们就不会明显影响构思过程，否则，就容易使构思过程走上歧路），然后进行一次编程马拉松来进行探索和构思。

讨论问题并提出可能的解决方案，记录想法，用白板标示出场景和流程，回顾概念，模拟测试场景。考虑一下我们想要追溯过去的什么地方。

使设计过程具有交互性。必要时引入其他团队成员和用户一起探讨新想法，把握协同创新的机会。

10.2.4　模型和原型

在最初阶段，创建一个概念性解决方案或设计的模型（一个非常"简单"的原型）。这一建模活动可通过下列活动完成：画出屏幕或线框，使用"便签"或简单的鱼骨图和流程图，使用 Microsoft PowerPoint、Word 或 Excel 绘制示例报告或其他成果。以尽量简便为好。

考虑模型在多大程度上与建议的解决方案方向一致。

- 如果继续前行有太多的复杂性，可考虑退回和极简主义。
- 如果计划好的解决方案或设计与构思练习和模型之间有良好的一致性，那就结束演练并继续执行。
- 如果团队发现了新的机会，或发现了问题的解决方案，可通过回到创意或持续向原型设计（下面有详述）前行来继续推演。
  - 识别一个或多个原型例证或脚本。

o 原型，或通过创建一个解决上述问题的方案进行"构建中思考"。

> 再次强调，"构建中思考"背后的理念是快速学习，快速失败，这样可降低学习和失败的成本。

o 为每个例证或脚本规定所需的数据及配置。

o 配置及开发例证或脚本。

o 向团队演示例证或脚本。

o 基于反馈和其他经验教训迭代并详细阐述这些例证或脚本。

o 向先前确定的用户社区演示例证或脚本，并可能再次迭代。

演练是有意识地推动执行的正式开始，以便能执行得更好。一旦演练完成，我们就会把学习成果应用到工作陈述书、项目集（项目）管理计划、进度计划和经验教训登记册中。

因为所有这些更新都必定是耗费时间的，所以我们必须尽快从演练中吸取经验教训，从时间角度来看这是有意义的。

10.3　项目执行过程组

PMI（2017）描述了项目集（项目）执行的几个核心过程组。我们在这里对这些过程组稍微合并了一下，但本质上保持不变：

- 指导和管理工作。
- 进行知识管理。
- 管理质量。
- 获取和管理资源。
- 管理和开发团队。
- 管理沟通。
- 应对和管理风险。
- 执行采购活动。
- 管理利益相关方参与。

接下来，让我们从应用设计思维的角度来看看这些过程。

10.3.1　指导和管理工作

项目集（项目）的工作和价值来自帮助我们的团队一起工作以完成预订的任务。这些任务的最终结果被称为工作产品或可交付成果；以可交付成果的形式实现项目集（项目）的价值和利益。

当回顾可交付成果表时，我们应该确认它们与项目的复杂性相关。例如，一个 3 个月的项目不应该有 50 项可交付成果，一个 3 年的项目也不应该只有 5 项可交付成果。

我们需要管理和指导团队，以确保他们在交付成果上取得进展。这意味着确认工作如期完成，对工作进行抽查，并确认它满足要求，符合项目要求和质量标准，等等。

工作产品和可交付成果标准的确定，是项目计划过程的一部分（参见第 3 章）。标准包括模板、工具、审查过程、批准过程，以及工作产品或可交付成果的所有权。关于执行和交付，请牢记以下要素。

- 我们是否广泛理解了可交付成果用户的宏观环境，并认可了他们的需求，包括他们将如何使用这些可交付成果和其他产出结果？
- 需要进行角色分析吗？例如，如果一个文档交付物是用于一组业务用户，那么从该文档中排除技术信息或其他看似不相关的信息，这种做法是否安全？谁来做这些决定？
- 将使用哪些协作工具和方法来开发可交付成果并完成工作？对于工具和方法是否有共识？
- 交付物是一次性编制成型的文件，还是长期保存的文件，抑或是在整个项目集（项目）中（以及之后）不断更新的文件或定期更新的文件？
- 在不断更新文件或文档的条件下，我们如何使文件的制定和未来的更新与时间范围相一致？
- 我们是否遵循用户界面、文件和交付成果的"不意外"原则？我们的设计是直观的还是令人困惑的？我们是否在一致性和易用性方面使用了标准模板？
- 我们是否应该在用户看到并帮助我们迭代交付成果之前进行早期同行评审？在进度计划中设立同行评审周期只会拖慢我们的进度吗？

- 在完成可交付成果和其他成果时，我们会经常对照用户旅程图吗？依然与用户旅程图保持一致吗？我们的工作仍然与用户触点保持一致吗？

- 为了执行迭代、演示解决方案、展示原型及用其他方式检测和执行反馈循环，我们做了怎样的安排？

- 我们是否在演示上花费了太多宝贵的时间？我们是否应该转回到原型或实际的解决方案迭代上？

- 谁将审查和批准可交付成果和其他文件？

- 更新经验教训登记册的节奏是什么？广义团队是否有足够的权限进行更新？在这方面是否存在瓶颈？

- 在执行过程中，我们还要注意科布悖论会产生哪些影响吗（见图10.2）？变更是否影响执行者或相关方的支持和需求的清晰度？是否影响我们设定现实期望的能力？合适的用户是否在合适的时间参与进来了？

监管工作产品的完成是跟踪项目整体进展的一个重要组成部分。确保我们的开发、交付、评审和其他过程与工具都可进行效率度量。

成功指标	最大分值
1. 用户参与	19
2. 高级管理层的支持	16
3. 清晰的需求陈述	15
4. 合适的计划	11
5. 实现的期望	10
6. 较小的项目里程碑	9
7. 能干的员工	8
8. 所有权	6
9. 清晰的愿景和目标	3
10. 员工努力工作，集中精力	3
总计	100

图10.2　科布矩阵中各种成功指标的相对权重

10.3.2　进行知识管理

当开展项目集（项目）工作时，利用好母体组织和本地团队已经拥有的知识是很重要的。在开始执行之前，应该在适当的地方建立一个知识库。为了实时的知识共享，要思考我们将怎样正式地和非正式地整合与连接人员和团队（类似于一个真正广泛的伙伴系统）。

最后，为吸取未来的经验教训制订进度和计划。设置指定的节奏和检查点，礼貌地提醒团队注意它的重要性。正如我们之前所说的，如果某件事没有在计划中，那么它很可能就不会被完成。

10.3.3　管理质量

在执行过程中，我们必须通过以符合标准的方式交付，使质量管理计划"落地"。交付成果要与质量需求或指导原则、可测量的质量标准，以及质量检查表相一致。项目进度也需要反映即时质量审核或质量检查点。

10.3.4　获取和管理资源

虽然资源管理活动确实发生在项目集（项目）的整个执行过程中，但许多资源在执行开始之前就已经获得了。就目的而言，我们希望确保人员和团队像第 9 章中讨论的那样及时到岗并被动员起来，当使用资源时，把时间节奏和规模效率合理匹配。

10.3.5　管理和开发团队

员工和团队是我们最重要的资源，需要不断开发这些资源。根据我们的经验，人际交往能力和文化"灵活性"是最需要关注的，尤其是当团队随着时间的推移而扩大、缩小和变化时。如第 6 章所述，要特别注意文化的变化，塑造它，并利用它为项目集（项目）带来好处。

另外，要特别注意团队的摩擦！运用五个为什么来理解摩擦，并做出需要的调整。最后，继续开发团队的协作能力、自我管理技能、对待偏见的自省能力，以及提高每个人处理冲突和问题的能力。定期提供反馈，当团队人员需要变动时，尽可能迅速和透明地进行变动。

10.3.6　管理沟通

正如我们在第 5 章中所概述的，沟通是项目集（项目）的命脉。我们需要一套强有力的指导原则来指导"如何"沟通，我们需要积极的领导来监督和确认无数的沟通活动确实是一天天、一周周完成的。不仅要关注收集、整理、分发、存储、检索和管理需要的信息内容，还要记住沟通需求会随着时间的推移而变化。

10.3.7　应对和管理风险

在启动阶段，我们建立了风险管理计划。现在，我们需要定期评估风险，对已识别的风险做出应对，调整计划，并为可能出现的新风险及风险减轻的应对措施制订计划。

> 发散性思维、逆幂律、项目集和项目的复盘与经验教训总结，以及积极的预演分析都是研究和开发应对潜在风险的出色工具。

在风险管理计划中，我们通常会关注不利的风险，但我们也需要考虑有利的或"好的"已识别的风险。例如，如果用另一位员工替换一位在岗员工后，我们的离岸员工成本降低了 15%，那么，对已识别的员工成本风险来说，实际上会产生积极影响。

10.3.8　执行采购活动

对于大型项目集（项目）来说，采购管理、资金管理和合同管理都是准备工作的基本内容。当然，我们可能发现自己正处在某个项目的中途，却因需要增加人员而进行招聘或采购其他资源活动，而这些活动在项目执行之前就应该做好。正如前面所解释的那样，在项目执行过程中，当范围变更要进行赶工以保持进度在正确轨道上时，就要用一位"快手"取代一位现有的合作伙伴，此时将会导致新的采购活动发生。在这种情况下，为了处理这种项目中途的采购活动，就需要求助指导原则。

> 我们还需要考虑如何将采购作为规模效率的战略，或者如何将模块化思维和构建应用到采购或承包战略中。

10.3.9　管理利益相关方参与

最终的执行过程是"与相关方沟通和合作，以满足他们的需求和期望，解决问题，并促进相关方适度参与"（项目管理协会，2017 年）。我们常说发起人和其他相关方不受管理。（是这样吗？）他们的期望是什么，好好想想。

相关方参与过程的整体理念就是增加相关方的支持，同时努力理解他们的视角，特别是他们在项目集（项目）变更或感知变更时可能制造的阻力。

> 经验和研究表明，任务越复杂和越不确定，管理相关方参与就越重要。（Ben Mahmoud-Jouini，Midler，& Silberzahn，2016）

在整个项目集（项目）过程中，特别是在执行过程中，继续管理这种参与，再次使用相关方图谱和定期的沟通节奏。

10.4　平行推进各子项目

通过定义，我们已经得知，项目集是由若干子项目构成的。但是，在大型复杂项目中，我们通常会发现自己也在管理子项目。我们可以称它们为并行展开的工作流或倡议，由于这些任务的工作量足够大，足够复杂，需要批准它们进行自我管理、集成和执行。并行子项目、工作流、倡议或其他重要的工作体系的例子可能包括：

- 离岸开发工作，软件编程或架构解决方案的子项目，这些子项目最终将以各自的方式进入整个项目集（项目）解决方案中。
- 测试工作。测试工作非常复杂，以至于它被划分为特定类型的测试（如单元测试、端到端流程测试、集成测试、性能测试和用户验收测试），通常由专门的测试团队执行。
- 遗留数据转换工作。特别是存在多个现有系统时，可能需要提取、转换或清理多种类型和形式的数据，并将其加载到新系统中。在这种情况下，更要做好遗留数据转换工作。
- 系统集成工作。特别是当需求告诉我们，多个现有系统将要在技术上与新方案连接，并在概念上与新解决方案一起发挥作用时。
- 方案培训和方案部署或推出等工作。对于大型项目来说，可能需要足够多的任务、依赖关系、人员和过程，才能保证它的子项目顺利进行。

上述这些工作也需要从集成的角度来管理（在第 3 章中阐述过）。重要的是，这些并行的子项目通常需有各自的项目领导者。这样的领导者将由专门的项目协调员或项目经理任命，但要向更高层的项目经理甚至项目集总监汇报。

10.5　执行的效果和效率

正如我们在第 9 章中提到的，成功地执行项目集（项目）需要效果和效率，仅有努力工作是不够的。成功地执行是通过澄清模糊性、做出决策和向前推进来创造成果。每个项目集（项目）都面临需要团队去解决的难题：

- 决策是否已经做出？决策被忽视了，还是被推迟了？
- 问题是否得到及时解决？我们是否从这些问题中吸取了教训？
- 是否识别了根本没有预见到的风险？我们从这些已识别的风险中恢复的跟踪记录是什么？为什么我们一开始就忽略了它们？
- 是否存在有效的沟通渠道（包括团队内部的沟通渠道和团队与发起人、利益相关方及不同用户的外部沟通渠道）？
- 在适当的地方，是否有定义好的项目集（项目）管理实践过程？我们在追随这些过程吗？
- 在何种程度上，我们的领导者、利益相关方、项目集（项目）发起人是有效的和提供支持的？

随着时间的推移，这些都是需要归纳和评估的重要问题，因为它们会影响完成艰巨任务的效率。可能还需要改进流程和改善缓解措施，以便在整个生命周期里促进有效（且更快）的决策和沟通。

> 低下的效率最终会剥夺一个组织转型的能力。

10.6　反思执行效果

就像"构建中思考"一样，我们需要通过"执行中思考"和"提炼中思考"来改善理解，这样可以让我们更快地纠正错误，同时做一些有助于进步的事情。否则，我们可能发现自己落入停顿分析的陷阱，在这个过程中我们想得太多，思虑太久，就失去了做出决策并采取行动的宝贵时间（而且没有创造价值）。

当在"执行中思考"时，我们应该考虑以下几点：

- 获取解决方案的利益所需的最小可行产品（Minimal Viable Product，MVP）是什么？
- 能否通过一两次迭代获得 MVP，还是需要更多的迭代周期？
- 是否能够实际地将时间转换成价值，或者还有其他需要考虑的因素（比如需要撤回现有的解决方案）？
- 在交付 MVP 和等待交付全功能解决方案之间的权衡是什么？用户是否可以在新解决方案和当前解决方案中分别执行一部分工作？这样安排会不会太混乱或者代价太大？

> 当我们通过执行阶段时，需要清醒地认识到两种需求之间的紧张关系，这两种需求就是工作的迭代需求和停止迭代并开始交付有价值的产品的需求。

在设计思维视野中，不断推进比达成完美更重要。我们知道计划完善到何种程度才可以部署吗？用户社区是否证实了我们的理解，同意在短时间内达到"足够好"的质量标准，也同意在较长时间内实现更全面的解决方案？这些都是需要尽早解决的重要问题。

10.7　执行计划和实现价值的指导原则

将设计思维应用到项目集（项目）执行和价值实现中，要考虑以下指导原则。

- 像项目集（项目）那样从战略上和全局上思考，而不是像由子项目、倡议、工作流或团队组成的组合那样从战术上思考。
- 在执行中思考。开始执行和迭代吧！
- 交付为王，期限为金。进程比完美更重要。
- 知道什么时候应该停止迭代，划定停止线。改进到符合标准就好，不用追求超越标准。
- 知道何时停止优化并开始重复执行。我们最终需要停止调整流程，有利于可重复和始终如一地执行。
- 如果不能清晰地表达一个问题，就不要试图去解决它。请深入被问题影响的人群中，听听他们的故事。寻求他人的帮助和支持，以增进你对那些受影响的人的广泛理解、认识和共情。

- 定期检测反馈是必要的，与用户的连接不畅会导致战术执行甚至战略方向上的下意识的改变。
- 领导者需要扫清障碍，打开前进之门。给领导者一个使用清除障碍技能的机会。
- 给员工和团队做自己工作的机会，但要监督他们的理解、协作和进展。
- 团队可能拥有可交付成果，但是由个人完成的。
- 坚持简单，直到它无法与现实竞争。
- 同样，很少有持久或有价值的事情是独自完成的。验证团队协作和用户反馈循环是否到位和有效。
- 不要让急事分散你对要事的注意力。
- 效率低下会让组织丧失完成困难任务的能力，而完成这些困难任务是实现长期转型的必要条件。提防那些功效强盗。

10.8　本章小结

本章带领我们了解了将设计思维应用到项目集（项目）中的执行阶段。我们考察了预备执行期间，执行发现的价值和过程，然后探讨了支持执行的各种过程。在这一过程中，我们引入了设计思维方法来帮助我们加快进度，并且阐述了执行并行的子项目、执行中思考及关注总体进展与效率等工作内容。

在本章中涉及的设计思维方法的所有内容，在附录 B 中做了详细介绍。

10.9　本章案例研究

Harmony 项目集即将开始执行其全球业务转型项目集和三个子项目（用户关系管理系统或 CMM、航运管理系统或 S4V、商务分析系统或 A4B）。项目管理办公室和项目集总监很担心，有很多问题要问你。

本章案例研究思考题

1．在第 10 章中描述的九个核心执行过程是什么？

2．为什么 Harmony 项目集会在实际开始执行之前从演练中受益？

3．当我们着手管理风险和执行风险应对计划时，应该考虑哪些设计思维方法？

4．除了三个正式的子项目（CMM、S4V 和 A4B），还有哪些工作体系可能需要类似的关注和管理？

5．有效性和我们完成这个项目的能力之间有什么联系？

本章案例研究的答案参见附录 A。

第 11 章

治理、控制和监督

Governing，Controlling，and Monitoring

本章的主要内容

o 兑现承诺

o 治理机构

o 治理、控制和监督的工具

o 治理和控制的关键过程

o 监督的关键过程

o 监督团队文化和健康

o 监督利益实现

o 治理、控制和监督的指导原则

o 本章小结和本章案例研究

治理是确认所承诺的内容在整个项目集（项目）生命周期中的实际交付情况，并且有助于确保总体工作按计划实施（见图 11.1）。

在本章中，我们回顾了美国项目管理协会（2017）的监控过程组，以确认进度、跟踪偏差并进行偏差修正。我们在本章讨论中，扩展了 PMI 指南中的内容，还包括提高清晰度、监控收益实现及监视人员和团队的健康状况。

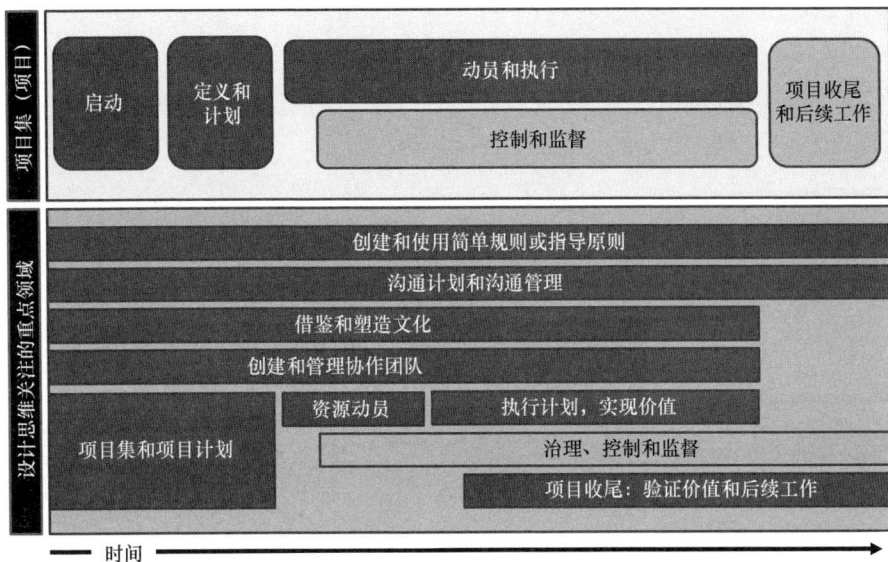

图 11.1　执行之前开始治理、控制和监督

11.1　兑现承诺

我们认为，治理是监护项目集（项目）度过整个生命周期的行为。这种监护在执行阶段之前就已经开始。实际上，治理过程可能在启动阶段的早期就已经开始了。

我们开玩笑地说，治理类似于婴儿照料，为他们提供成年人的监护，但实际上远不止如此。治理说的是规程、义务和责任，所有这些都是通过有意识的治理模型驱动的。反过来，该模型必须反映代表项目集（项目）发起人和其他利益相关方的专用沟通和控制（Alie，2015）。

> 只有通过始终如一地执行治理过程，项目集（项目）经理才能交付承诺的利益、价值和其他成果。

明确地说，PMO 负责最广泛的治理实施，与指导委员会一起做出决定并解决问题。但是在治理范围的一端，发起人在设置战略方向上扮演关键角色，而在另一端，项目集（项目）经理负责管理和执行治理过程。

11.2　治理机构

作为核心治理机构，项目集（项目）管理办公室控制和监视任务的进展和完成情况。PMO 为如何完成工作设定了标准和基调，因此 PMO 是基本的治理机构。所有其他的主体都需要"通过"PMO 来运行，并遵从 PMO 的治理标准和流程。

正如我们在图 11.2 和下文中看到的，至少有三个治理机构在 PMO 中扮演着重要的角色，帮助管理项目集（项目）的各个方面：

- 执行指导委员会作为 PMO 的治理"监事会"，帮助确保项目集（项目）问题得到解决，保证决策是及时的，进度时间表是维持稳定的，外部依赖关系是明确的。在大型组织中，执行指导委员会可能包括一个高级执行指导委员会和一个更战术的或"可操作的"工作指导委员会。
- 架构评审委员会（Architecture Review Board，ARB）提供围绕项目集（项目）的解决方案和解决方案活动的治理（包括与构想、原型和构建、测试和迭代解决方案相关的治理）。这里我们讨论的是将要部署的实际解决方案，它是业务或运行转换的组成部分。
- 变更控制委员会（Change Control Board，CCB）审查、批准（或延期或拒绝）各种变更请求，并管理与项目集（项目）相关的工作范围变更。

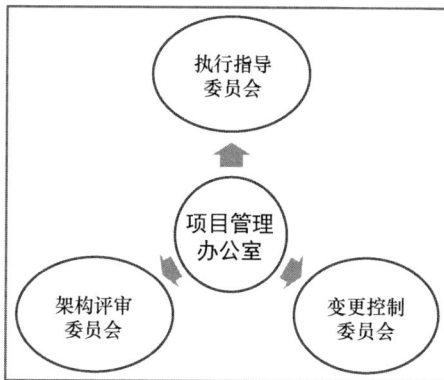

图 11.2　PMO 的四个关键治理机构和 PMO 中基本的治理角色

还可以建立其他特殊目的的治理机构。例如，对于大型打包软件项目集（项目），合格/差距（Fit/Gap）评审委员会考虑定制与配置之间的影响，并确保即使偏离标准也可以从增加的治理和增强的"巡视"中获益。

在处理项目集（项目）标准的潜在偏离中，模型、快速原型和有限的概念或试用证明在帮助决策过程中发挥了作用。这些设计思维方法是沿着用户旅程图的内容来展开的［同时要考虑用户体验和项目集（项目）的财务和风险］。此外，团队可以回溯问题定义，简单地确认正确的问题确实通过提议的解决差距的方法得到了解决。

对于较小的或不那么复杂的项目集（项目），架构评审委员会可能扮演合格/差距评审委员会的角色。ARB 实际上会承担其他技术或解决方案相关的责任，否则将会委托给专业治理机构来处理。此外，ARB 要考虑的架构方面的事还有：

- 评估和建立新的架构模式。
- 帮助团队思考解决方案策略，追求或避免相邻领域。
- 制定与时间范围相关的或与评估时间节奏实现的业务影响相关的架构战略决策。
- 当需要在成本和风险维度上量化和比较选项时，执行卡玛分析。
- 为组织对基于众包模式解决方案的需求提供指导意见。
- 在探索多基因突变时，考虑技术可行性和技术选择。

最后，变更控制委员会也开发并坚持应用一套严格的变更控制过程来管理项目集（项目）变更。CCB 也创建了一个标准的变更控制模板（标准化模板的例证，在本书前面解释过）来管理和记录提议的变更。这个变更控制模板的典型内容包括：

- 拟议变更的名称和控制编号。
- 变更请求的日期。
- 变更请求者的姓名。
- 对现有（当前范围的）解决方案的描述。
- 对解决方案的提议变更的描述。
- 提议变更的商务理由。
- 所提议变更的技术或其他理由。
- 估计提议变更将如何影响当前的实施方法和总体时间。
- 提议变更对当前项目进度的影响（包括变更后的计划调整、构建变更原型、测试变更原型和部署变更方案等所需的时间）。

- 提议变更的预期成本。

会议和其他状态报告机制是基本的治理工具。现在让我们看看用于治理、控制和监督的其他工具和方法。

11.3　治理、控制和监督的工具

沟通支撑治理。关键是为合适的受众识别和使用合适的沟通工具。根据我们的经验，建立强有力的董事会和委员会会议节奏至关重要：

- 作为第一步，确定并确认每个董事会、委员会和其他与治理相关的团队的成员。
- 执行指导委员会应至少每月召开一次会议（尽管一旦工作顺利进行，高级执行委员会可能每 6～8 周召开一次会议，而他们的同行则继续每月召开一次会议）。
- 架构评审委员会最初应该每周开会一次，一旦工作顺利进行，可以变为每两周开会一次。
- 变更控制委员会必须至少每周召开一次会议，如有必要可及时召开会议。这取决于提议范围变更的数量和性质。
- 如果已经建立了合格/差距评审委员会，它将从一个临时的进度计划中获益最多，该进度计划依据的是，一旦差距被确认，就可及时审查。为项目参与者设置每周的节奏，并根据需要调整频率。

会议是有效的治理工具，但也要主动提醒员工和团队。主动提醒的内容主要有：当前状态；趋势、问题和其他已识别的风险；目前的任务或正在进行的工作；后期工作和即将进行的工作；等等。提醒的重要工具有定制构建的工作流、泳道及其他必要的项目集（项目）看板和报告。

> 为了使可视性和透明度最大化，要与团队一起工作，去设计和部署本项目每个团队成员的专门看板、团队工作的看板和项目工作流的看板。

利用工具，如 Visual Studio Team Services、Azure DevOps、GitHub 及其他工

具。其思想是广泛地践行"不意外"原则，从看板的可用性到对状态、需求和其他信息的可见性。

除了定期会议、特定团队看板和其他看板，还需要考虑以下几点：

- 每周定期向特定用户社区提交状态报告。
- 启用发布/订阅功能，以便公布用户可能感兴趣或需要知道的其他类型的报告。
- 在协作站点上发布新文档或对关键文档进行更新（如经验教训登记册）时提醒用户。
- 制作一份关键事件提醒的日历，包括原型设计工作的进度计划、新迭代的开始、解决方案的演示、创意和头脑风暴会议。
- 使用 Microsoft Teams 和 Slack 等协作工具来建立项目集（项目）特定的协作和文件共享空间，启用即时消息和视频/语音通话，提供知识管理功能，保持团队讨论，跟踪讨论进程并将讨论转换为具体任务。

11.4　治理和控制的关键过程

掌握了可用工具的种类之后，让我们将注意力转向作为美国项目管理协会（2017）知识领域框架的治理和控制过程。下面的过程可以让你对治理和控制活动的广度有一些了解。

- 范围确认和范围控制。确保所交付的正是约定要交付的。将提议变更提交给变更控制委员会，以引起广泛关注。
- 进度和成本控制。确保正在管理和控制的进度与成本没有偏差，至少每周对标一次。进度偏差也会反映其他目标的偏差（使用五个为什么来理解全貌和可能发生的变化），因此，要注意进度。
- 质量控制。寻求高质量的团队成员或外部审计师来检查项目集（项目）输出、文件和其他可交付成果。质量控制过程将有助于发现偏差，纠正偏差，并且可通过引导更新经验教训登记册来进行知识提炼。
- 资源控制。根据预期的利用率管理和控制资源的使用。调查增量值的变化原因并采取纠正措施。如果员工（我们的关键资源）花费了太多时间来完成任务，就要反思问题定义是否充足和清晰。工作是否从根本上发生了变更？他们的任务是否受益于更好的原型设计、更好的标准化模板、改进的故事板、更广泛的理解，或者类似的方法？是时候采取一种截然不同的方法吗（比如逆向头脑风暴、快艇和锚练习，或者发散思维）？是具有合适技能的合适资源体现在合适的角色中了，还是混淆了错位的团队成员带着共情的同情心？

- 整体绩效。比较实际的项目集（项目）绩效与计划绩效（包括进度、交付物、活动、资源利用、成本等），评估增量变化。如果特定的团队达不到绩效要求，就要帮助重新审视他们的简单规则、指导原则、面临的问题，以及跟踪效率和有效性记录。确保他们理解工作和环境，拥有需要的工具，配备了拥有合适技能的合适人员，并正在运用合适的设计思维方法来帮助他们解决问题并加快交付。

系统规范地执行这些过程是很重要的。建立治理的节奏（与我们建立会议节奏相同），并设置预警，用以主动识别偏差、判断趋势和明确全部问题。

未能实现项目集（项目）目标的结果，通常是一个或多个过程的失控。因此，成功的项目集（项目）会在这些过程中投入大量的精力。正如科布悖论告诉我们的，我们都知道这些事情很重要，但仍然低估它的重要性。尽早重点关注以下领域并付出努力：

- 项目范围已经确认（可在变更批准后增加和减少）。
- 项目预算和成本在计划中。
- 计划的项目工作成果是有序交付的，且可交付物的质量是满足要求的。
- 必要的检测和其他验证都已经完成。
- 把获取的与计划比较的总体偏差进行综合加工，与相关的团队成员和项目相关方共享。

下一节的内容集中于监督，而不是治理和控制。

11.5 监督的关键过程

在监督方面，有几个关键过程需要关注。监督的目的是通过监督数据来确保整体工作、范围、成本、进度、质量等都在计划中，从而帮助我们确保项目良好执行。

美国项目管理协会（2017）提出了需要仔细监督的四个具体知识领域或过程：沟通、风险、利益相关方参与和整体工作（项目计划/WBS 中概述的一系列任务）。接下来，我们着眼于应用设计思维更好地或更容易地监督这些过程，将对这些关键过程展开阐述。

11.5.1　监督沟通

正如我们前面已经提到的，一个有效的项目或项目集的核心常常蕴含着良好的沟通和协作过程。然而，其关键是，团队和团队成员实际使用了一致同意的沟通工具，并遵循一致认可的沟通风格。例如：

- 如果团队或团队领导同意使用一种协作站点或工具，验证其一致使用，并努力理解为什么在某些情况下不采用该工具或某些用户不采用该工具。
- 如果团队同意通过电子邮件和协作工具共享文件链接，而不是电子邮件附件，那么，既监督合规，又可礼貌地劝说违规者重新回归正轨。
- 如果团队使用特定的文件分发名单，以确保发布重要公报时没有遗漏人员，则应核实这些名单是否一直有效。

> 抽查合适的人是否在合适的时间获得了合适的信息，只要在他们需要信息的时候简单地问问他们，是否有他们需要的信息。

关于沟通的其他思想和实操经验可回顾第 5 章的相关内容，有助于完善沟通监督战略。

11.5.2　监督风险和监督问题

除了风险审查和花费时间来实施已识别的风险应对措施，我们还需要定期研究潜在的和未识别的风险，当这些风险突然出现时，准备好应对措施。

识别和管理项目风险和问题是重要的工作，但它可以被简化。事实上，在面对 15 个问题时，问题管理是一个非常基本的过程。但在我们要管理 200 个潜在风险和 200 个实际问题的环境中，要开展的管理工作和补救措施可能变得非常复杂。为 PMO 的风险和问题管理团队配备合适的人员，然后让团队选择能够承担风险和问题管理工作的负载工具。好的风险和问题管理工具的特点包括：

- 全面描述问题和可能解决方案的能力。
- 跟踪验收标准，确认问题何时解决和怎样解决的能力。
- 跟踪根本原因分析过程的能力。
- 支持来自早期思维导图和其他构思练习、预检、发散思维和类似方法的洞察力的能力。
- 承担建模成本和其他维度或风险影响的能力（或至少将其数据转储到 Microsoft Excel 进行卡玛分析的能力）。
- 强大的风险报告机制、风险缓解机制、公开问题和处置问题的机制、当风险变成问题时反映风险变动的统计机制，以及其他具体机制。

11.5.3　监督相关方参与

与第 10 章中讨论的管理相关方期望不同，监督相关方参与这一过程，实际上涉及监控相关方与项目团队保持联系的好坏，监控相关方通过各种关系、董事会和委员会参与项目的情况和参与的总体状况。我们需要帮助关键相关方和项目集（项目）发起人遇事可找得到，明确他们在项目中的中心地位，按项目进度计划与团队一起工作，定期分享想法和决定。

系统地更新相关方图谱和相关方登记册，评估每位相关方的参与、态度、趋势（例如不出席会议，或自己不出席但经常派代表出席）。重新安排执行指导委员会的会议，要比完全取消会议或试图通过电子邮件进行重要决策更好。

> 请记住：关注相关方和发起人并倾听他们的心声，才是最有效的参与。

11.5.4　监督总体工作

在整个项目集（项目）生命周期内，监督工作是否完成，做得是否正确，都是非常重要的。例如，项目工作成果或可交付成果的完成，是对工作进程的一个简单有效的度量。考虑三次规则是如何执行的（以及该规则可能如何影响时间和资源）。尽早发现制定和强化合理预期的机会，同时向最适合的结果和最适合的可交付成果推进。你的目标是满足为项目集（项目）建立的各种质量标准，而不是奢望超过它。

交付物也必须被监督，以确保它们符合商定的质量标准、满足需求、符合其他标准，从而满足相关方的期望。

正如我们前面所说的，在执行过程中出现范围变更也是非常自然的。需要管理批准的变更，并将其整合到整个进度计划中。

11.6　监督团队文化和健康

虽然美国项目管理协会并没有把监督组织或团队的文化和健康作为一个单独的过程来特别指出，但是监督组织或团队的文化和健康这一概念是与管理工作密切相关的。毕竟，文化是一种需要监控的资源，就像其他资源一样。

回顾第 6 章，并考虑以下监督的重点领域：

- 监督如何借鉴组织和每个团队的当前文化。
- 监督如何塑造我们的文化，随着时间的推移重新定义什么是有效的团队和支持性组织。
- 监督为了足够好地实现项目集（项目）目标和目的而有意利用文化差异的程度。
- 确认将个人分配到特定任务的做法与文化差异无关，而是与能力、成熟度和态度有关。
- 确认如果有人侵犯了他人的权利或制造了一个不安全的工作环境，领导会迅速采取措施纠正问题，同时为理解和改变潜在的态度或行为而努力。

最后，考虑是否需要进行后续文化评估。随着时间的推移，人员和团队得到了开发和塑造，我们可能要对基线文化评估设置检查点。通过这种方式，我们可更好地了解组织和团队的成熟程度，并且可以更精确地判定剩余的差距。

11.7　监督利益实现

在项目集（项目）收尾之前，我们还需要监督预期的收益和假设的新功能是如何实现的，实现到了何种程度。这种监督活动应该在项目集（项目）开始执行时就开始（如果不能更早的话）。测量需要时间，为了应对无法获得预期收益的风险，付出这些时间和努力都是值得的。

因此，一旦开始执行，我们就需要立即建立必要的监督和控制来监视利益实现。我们的监控系统需要考虑如何回答下列问题：

- 我们是否有一套完整的预期收益测量工具来提供监控所需的数据？我们能监测比近期预期效益更多的数据吗？

- 我们的目标是到达下一组与利益相关的里程碑和其他检查点吗？我们怎么能确定到达了呢？

- 我们是否丢失了关键利益实现的数据或解决方案采用的数据或指标？

- 我们在哪些方面面临无法实现预期收益的风险？

- 通过采用新的解决方案的功能，是否实际获得了新的利益？这些功能是否按照预期的方式使用？在多大的社区使用？

- 财务、资源计划、进度、质量等是否符合预期的利益？偏差与预期的目标有多大？是否为这些利益付出了太多？

同样，项目集（项目）只有在相关方确认其预期收益已经实现时才可收尾。与项目集（项目）利益（以及新功能的采用）相关的度量标准和其他数据的清晰可靠是确认利益实现的关键。

11.8 治理、控制和监督的指导原则

在进行治理、控制和监督时，要考虑以下指导原则：

- 采用简便治理，除非需要重拳出击。

- 克服未知因素，但要以事实来沟通。

- 迭代并改进治理、控制和监督过程，直到它们足够好，然后以可重复和可预测的方式简便地治理、控制和监督。

- 保持以行动为导向的治理心态。

- 利用治理、控制和监督流程，帮助团队扮演好自己的角色。鉴别功能过度，并迅速纠正这些失衡。

- 为合适的用户使用恰当的治理工具和过程。

- 利用治理实践和监督流程来支持快速决策，认识到基于数据的快速决策是价值转换的关键因素。

- 未解决的问题和决策会产生不良后果。对它们进行治理和控制，以避免不良后果出现。
- 快速而明智的决策跟踪记录胜过没有决策，并可容忍偶尔的错误决策。
- 如果领导者想拥有期望的成果，他们必须去治理。
- 文化像其他资源一样，也是一种需要监控的资源。
- 没有基线的控制和监督远没有将当前绩效与基线进行比较有价值（有些人会说这种没有基线的控制和监督无用）。仔细考虑并收集用于监控的相关数据和指标。

11.9　本章小结

在第 11 章中，我们扩展了第 10 章中阐述的执行工作，包括将设计思维应用于治理、控制和监督过程的意义。我们讨论了治理是如何与交付所承诺的内容相联系的［通过项目集（项目）的成果和利益］，并且介绍了几个治理机构和委员会。然后我们将注意力转向了治理、控制和监督的关键过程。在本章的最后，我们讨论了监控组织文化、健康状况和利益实现（包括早期工具）的必要性，并像前面的每章一样，总结了一套特定于本章的指导原则。

在本章中涉及的设计思维方法的所有内容，在附录 B 中做了详细介绍。

11.10　本章案例研究

在 Harmony 项目集执行工作期间，一些 PMO 的团队成员已经表达了对缺乏强有力的治理、控制和监督的担忧。该项目集看上去正在进行中，但尚不清楚三个子项目（CMM、S4V 和 A4B）是否取得了真正的进展，似乎缺乏巡视和问责，项目集总监来找你征求意见。

本章案例研究思考题

1．除定期会议和建立团队特定的看板与其他看板外，我们还应该考虑哪些治理、控制和监督工具？

2．本章概述的五个治理和控制过程是什么？

3．本章概述的四个关键监督过程是什么？

4．项目集总监关心 CMM 子项目的团队文化。你对监督文化的看法是什么？应该监督哪五个领域或因素？

本章案例研究的答案参见附录 A。

第 12 章

项目收尾：验证价值和后续工作

Confirming Value，Closing，and Next Steps

本章主要内容

o 确认项目价值和利益的实现

o 编写项目集（项目）总结报告

o 做好项目后续工作

o 项目集（项目）收尾的指导原则

o 本章小结和本章案例研究

正确地收尾项目集（项目）意味着比仅仅交付解决方案和获得发起人对已经完成的项目工作的签字认可要多得多。相反，在收尾之前需要执行特定的进程和任务。解决方案的价值和利益需要被确认，特定的人要确认这个价值，其他项目人员要转移出本项目，还有一些资源可能也需要转移，文档工作需要完成，还要完善项目收尾或项目终止的相关文件（见图 12.1）。在本书的最后一章中，我们将着重关注设计思维在项目收尾和做好后续工作中的应用。

12.1 确认项目价值和利益的实现

我们在第 11 章已经提到，监督项目利益的实现是重要的，贯穿项目集或项目管理的始终（而不是仅仅在项目结束时才关注）。同样，我们需要在收尾之前确认预期价值和收益确实已经完全实现。怎样确认呢？通过执行以下步骤：

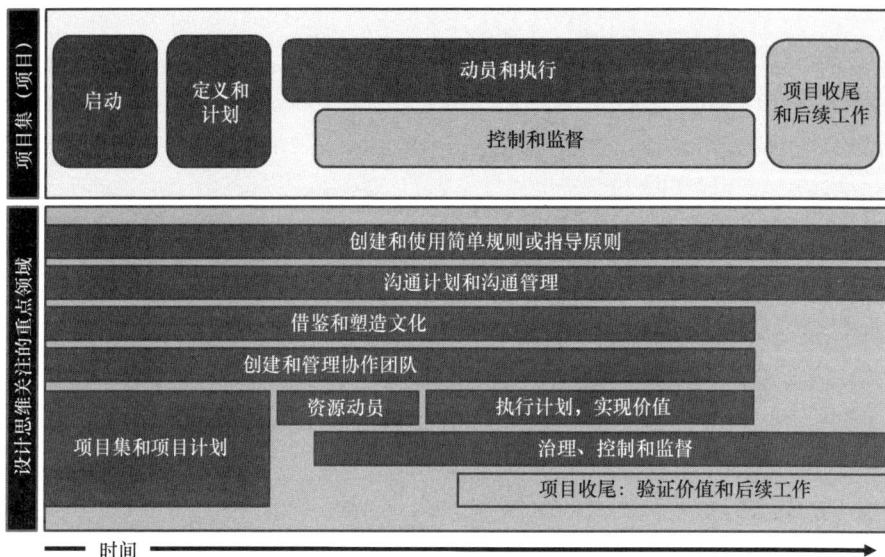

图 12.1　项目收尾：验证价值和考虑后续工作

- 与发起人一起验证已经实现的项目集（项目）章程的战略目标和利益（包括已经批准的变更内容）。

- 通过部署解决方案，与用户一起验证项目已经提供了他们期望的利益（毕竟接受方案是关键。解决方案必须被接受/使用来证明是有用的）。

- 与相关方和用户一起确认所有的交付成果和其他工作产出确实都已经交付，并且提交的文档或文字材料都在项目集（项目）收尾前进行了更新处理。

- 与 PMO 和核心相关方一起验证利益管理计划，包括利益最大化计划，确保解决方案的利益和其他能力持续增加，或者随着时间延长而最大化。

- 同样，验证利益管理计划也包括利益维护计划，确保解决方案的利益在项目集（项目）收尾后持续地被监控和管理。

注意，上面的每个任务，都包含了一个独特的"什么"和一个重要的"谁"。

> 验证项目价值和利益的实现意味着直接听到项目发起人、相关方，尤其是用户，已经接收或正在接收的利益，是他们期望接收的利益。

12.2　编写项目集（项目）总结报告

编写项目集（项目）总结报告包含执行一系列正式关闭并最终终止或"收尾"其所有活动的结束过程。请记住，一个成功的解决方案部署或"上线"并不会关闭一个项目集（项目），也不会完成工作分解结构中列出的遗留任务，或者消耗掉所有预算，或者失去高层发起人。收尾是一个正式的过程，与收尾相关的过程和任务包括：

- 总结最后的经验教训。在项目收尾之前，召开一次会议来获取最终的经验教训，并将这些经验教训记录在"经验教训登记册"中［该登记册应该在整个项目集（项目）中定期更新］。
- 知识存档。确保项目集（项目）的所有经验教训和知识都保存到了组织的知识管理系统中，以供他人日后参考和使用。
- 完成并确认所有计划的工作都已经完成。尽管这可能是不言而喻的，但要确保剩余任务和可交付成果都按照计划完成并发布或共享。
- 继续完成剩余的管理任务。记录项目集（项目）工作产品和可交付成果的最终验收材料，完成最终的财务与预算更新并进行对账检查，向项目集（项目）产品使用方转移责任，向使用产品的责任方说明存在的问题，并明确项目收尾后对这些问题进行处置的各方职责。
- 获得正式签署。项目集（项目）直到其发起人和关键相关方核实项目章程规定要完成的工作已经完成（包括完成已批准变更中增加或减少的工作），才算正式结束。这种对解决方案的签署或正式接受需要以书面形式记录下来。
- 关闭合同。一旦签署或正式接受项目集（项目）全部交付物，项目集（项目）就可以从法律角度收尾了。这样，合同就可以关闭或终止，第三方分包商和其他供应商可以适时释放，结算和费用可以处理，采购订单可以适时关闭，等等。
- 释放资源。随着组织中其他任务的到来，项目集（项目）的人员和其他资源可能最终会被释放（尽管我们将在本章的后面探讨，但我们可能更喜欢将他们转移到一个计划好的后续项目中，而不是直接释放他们去寻找其他机会）。

- 完成组织特定的流程。当组织关闭项目集（项目）或结束合同时，执行一组特定过程是很常见的。这可能包括进行发起人、相关方和用户满意度调查，进行项目复盘，发布最终相关方状态报告和其他报告，分享价值/利益实现的成果，与组织的领导团队分享后续工作，并进行事后分析。

随着价值和效益的确认，以及项目集（项目）的正式结束，人们很容易认为已经到达了终点。但还是需要抑制住收拾东西回家的冲动。

> 建立在已部署的解决方案之上的机会，或进一步利用团队和他们完成困难工作的能力，都是非常宝贵的，不容错过。

12.3　做好项目后续工作

在项目集（项目）结束之前，项目发起人和其他项目相关方需要为"后续工作是什么"做计划。我们称之为考虑后续工作，这是投资资本化的一个重要组成部分，并在之后开始交付价值。

- 扩展当前的项目集（项目），以便迭代或提高现有用户社区当前解决方案的能力。
- 扩展当前的项目集（项目），为新用户社区增加功能或具体解决当前解决方案的兼容性或敏感性设计（可用性缺口）问题。
- 与发起人合作，扩展当前项目集（项目）的章程，以追求相邻领域或合作创新机会，实现极简主义目标，或者通过对多基因突变或通过结合再生来寻求新的价值。
- 与当前相关方或新的相关方合作，通过摒弃传统战略，采用设计思维启发的战略，关注组织的寿命。
- 为了在组织的其他地方开展类似的工作，重新定位现有的项目集（项目）团队。例如，我们与其在当前解决方案上扩展，不如重新安排健康且经过检验的团队，来完成组织的类似工作。这个团队将比新组建的团队更有价值，并能更快地交付价值。

最后一个例子可以在本章的案例研究中看到,在该案例研究中,我们将 CMM

子项目团队转岗到 Harmony 项目集中的第四个子项目上，承担该子项目的设计和交付工作。

12.4　项目集（项目）收尾的指导原则

收尾和后续工作可考虑以下原则：

- 并非所有问题都能在分配的时间或资源下得到解决，只要在项目集（项目）范围内交付价值即可。
- 重要的比紧急的更关键；确保重要成果在收尾前交付。
- 利用"考虑后续工作"，在明天交付今天无法交付的价值。
- 正如在项目集（项目）开始时"满足用户的需求"一样，我们需要在收尾时考虑用户仍然需要什么，或者根据刚刚交付的产品，看看用户现在还需要什么。

将组建的团队、解决方案和流程的内在价值资本化，并在当前的项目集（项目）结束后以某种形式或方式继续交付价值。

12.5　本章小结

在本章中，我们回顾了用来总结工作的过程，也回顾了确认项目集（项目）价值和利益的重要性，并总结出了以下思想：我们如何继续构建新近交付的解决方案，怎样进一步发挥经过时间检验的有效团队的作用。

在本章中涉及的设计思维方法的所有内容，在附录 B 中做了详细介绍。

12.6　本章案例研究

Harmony 项目集伞形结构下的两个子项目正在收尾过程中。项目集总监问了你关于如何有效地关闭 CMM 子项目的想法，并且很想听听你如何根据公司最近批准的 Harmony 项目集第四个子项目来安排团队的后续工作。

本章案例研究思考题

1．有效和健康的 CMM 子项目团队如何证明自己对 Harmony 项目集即将到来的第四个子项目也有用？

2．S4V 子项目也即将结束，但该项目的发起人正在努力延长项目，并悄悄地扩展其章程。如果当前的 S4V 项目团队被要求继续参与 S4V 项目，他们会以何种方式提供价值？

3．CMM 项目经理想知道更多关于"总结最终经验"和保留 CMM 子项目知识的含义吗？

4．利益管理计划中哪两个计划需要到位并由 PMO 和紧密相关方确认，以确保持续的价值和利益实现？

5．在员工从本项目释放去参加第四个子项目前，CMM 项目经理必须确保完成的六项活动是什么？

本章案例研究的答案参见附录 A。

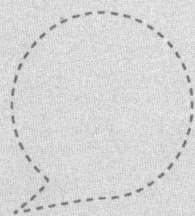

附录和参考文献

附录 A

案例研究答案
Case Study Answers

第 1 章的答案。

1. 项目集（项目）管理是要交付的解决方案的"绝缘体"；P&PM 守卫、保护并帮助确保实际的解决方案确实被设计、开发和部署。P&PM 的作用就像电源线的绝缘保护层，帮助确保它保护的电线（实际的业务转型或解决方案）传递其能量或价值。

2. 潜在风险有许多，不止 5 个，包括员工招聘陷阱、能力鸿沟、文化彗星、治理混乱导致注意力分散、数据大爆发和整合困难、资金或预算中断、合同和软件/ IP 许可混乱、遇到发起火山、变更风波、功效强盗（和许多其他的风险）。

3. 将设计思维应用到项目集（项目）管理过程和方法中，使我们能够自由和灵活地解决未知问题，并在需要时学习和迭代这些知识，所有这些都是以更快行动的名义进行的。

4. 理解提高时间价值这一概念的真正价值在于回答"为什么要有设计思维"这一问题。

5. 从时间框架的角度来看，一方面，最佳实践和普通方法提供了即时建议和指导。另一方面，简单规则和指导原则提供了长期指导。

第 2 章的答案。

1. 项目集（项目）管理的设计思维模式的五个步骤或五个组成部分，依次是广泛理解，用户共情，定义问题，构思、原型、测试、迭代并构建解决方案（这些的总和也被称为解决方案），以及为用户部署解决方案。

2. 虽然在许多其他的设计思维模型中没有第五步或第五个组成部分，但它被添加到项目集（项目）管理的设计思维模型中，因为以解决方案部署和用户采用的形式实现利益始终是我们的目标。此外，在这个大范围的项目集（项目）管理世界里，部署本身可能是复杂或独特的，需要自己的设计思维。

3．设计思维模式的五个组成部分应体现在传统项目集（项目）管理的各个方面或阶段：从启动到定义和计划，再到资源动员和执行，再到治理、控制和监督，最后到收尾和后续工作。

4．"广泛理解"的设计思维方法意味着首先探索组织的行业背景、环境、现实状况、将来趋势等的变化和法规变化。然后，有必要了解更多关于组织本身的总体状况。最后，还要更多地了解我们将要工作/参与的具体业务部门。

5．"构建中思考"的概念价值在于一边制订大量的计划，一边进行思考，然后再形成更多的计划。我们的想法是，如果我们真正开始创建原型，并尽快获得潜在解决方案的反馈，那么我们将可以更快地了解用户的需求。

第 3 章的答案。

1．一方面，项目集本质上是战略性的，通过由子项目和潜在的其他倡议及相关的任务组成的复杂集合来交付价值。另一方面，项目是专注于执行的，因此在本质上更注重战术。

2．项目集管理涉及五个战略"管理"过程，包括战略管理、利益管理、相关方参与管理、项目集生命周期管理和项目集治理。

3．根据项目管理协会的观点，受到设计思维影响的项目集（项目）管理的五个阶段包括启动，定义和计划，动员和执行，治理、控制和监督，收尾和后续工作。

4．在控制和监督项目集（项目）时，将重要的和无法解决的问题迅速上交到适当的治理机构是很重要的。这种问题升级是意料之中的，也是适当的。不要害怕将问题快速上交到高层管理者，他们希望下级知道高层领导是管用的，能充当打破僵局的角色，能做出艰难的决定。

第 4 章的答案。

1．起草简单规则需要团队的努力。要求遵守这套规则的团队参与制定（并接受）这些规则。

2．简单规则描述了我们是谁，我们做什么（和不做什么），什么时候做（或不做）。指导原则反映了组织的核心价值，并向这些规则中添加如何实现这些价值的维度。

3．头脑风暴会议很容易产生 30 多个简单规则。然而，在会议结束之前，团队需要找到并通过大约 10 条规则。一旦这些规则被使用了一段时间，团队应该能够进一步将其精练为 5 条或 6 条可以遵循的规则。

4．简单规则是团队或组织远景和目标的同义词，这些远景和目标可能随着时间的推移而改变（但是，层级越低，越关注团队，发生这种改变的可能性就越小）。然而，指导原则反映了团队或组织的核心价值，例如诚实或透明，因此往往是长期的和不可协商的。

第 5 章的答案。

1．我们可以应用的设计思维七个领域包括：由倾听而共情，深深质疑，头脑风暴的关键或持久，视觉沟通，用故事沟通，原型设计的方法和渠道，以及由已实现的变化而共情。

2．除了图片、数据和图形，动画内容和视频可以重复地、一致地传达复杂的过程。当必须使用文字时，多用"结构化文本"。

3．故事很少适合状态更新和管理人员更换或其他相关方更新。

4．在设计思维中，团队通常会花时间与用户共情。然而，在这种情况下，共情是通过已实现的变化产生的，我们也会看到用户与正在帮助用户的团队共情；共情被看作已实现的变化和正在见到的真正进步（不管进步大小）的结果。因此，通过已实现的变化，共情改变了用户/团队来源/目标关系和共情渠道，这与通常的情况有明显的不同。

第 6 章的答案。

1．把文化洋葱看作一种观察文化层次的方式（层次之间相互分享信息和相互影响）；当涉及文化维度时，可以考虑文化骰子。

2．文化骰子的三个维度是环境、工作氛围、工作风格。从文化意义上来说，"错过最后期限"可能与工作风格联系得最紧密，特别是与看待"时间"的视角或动力相关。

3．评估和塑造文化的四个步骤包括：

（1）了解并确定当前文化的基线。

（2）塑造未来文化。

（3）制订文化转型路线图/计划。

（4）执行、评估和迭代。

4．文化智力是通过观察或提出与许多不同领域相关的问题来衡量的，比如团队如何进行规划、决策、沟通和协作；团队如何看待时间；团队在多大程度上重视关心自己和他人；团队如何思考及如何在层级结构中工作；团队如何考虑引入和采用变更；以及团队如何将工作的需要与家庭、社区、社会和其他优先事项的需要相比较。

第 7 章的答案。

1．有效且协作的团队成员需要自我意识和自我管理（"偏见意识"）；需要通过有礼貌的人际沟通分享观点；需要较强的主动性和持久的动力；需要情境感知型领导和服从型领导；需要高超的冲突管理技巧和与人合作的能力。

2．圆、矩形和圆柱体的故事说明了这样一个概念：团队从包含具有不同视角的团队成员中获益，否则我们就无法看到全局。

3．设计思维告诉我们"构建中思考"，以帮助避免思考用时太长和计划用时太长，以至于大部分学习都发生在解决过程的后期。由于缺乏对"某事"的理解或支持"某事"的信息，行动偏见或"做某事总比什么都不做要好"的观念会适得其反，导致浪费时间和精力。

4．透明度增强了问责制和信任。通过可见性和结果，透明度推动了更强的问责制，这反过来有助于团队相互信任，去做他们说过要做的事情。

第 8 章的答案。

1．项目集（项目）的创始者或发起人发布项目集（项目）章程，这是关键的基础性文件，是项目一切事物的总体"起点"。章程记录了高层次的项目描述和边界、需求、风险、相关方、概括性的里程碑、关键可交付成果、成功标准、预先批准的财政资源等。

2．想确定要创建的项目管理办公室的类型，可以考虑采用头脑风暴进行文化评估，并应用模块化思维来确定项目管理办公室的组成部分，并开始设计一个最适合的项目管理办公室。

3．要编制可重复的和一致的计划、文件和其他文档，首先要从一个标准化的模板开始。这样的模板帮助我们快速地完成"构建"过程，也有助于确保我们不会错过任何必需的或基础的东西。

4．在编制项目集（项目）计划和其他文件之前，我们应该使用共情图，或者对每个计划或文件的用户社区（每个受众或读者群）实行一次简便的角色分析。

这样做可以帮助我们了解用户，从而持续地为他们"编写"或创作。

第 9 章的答案。

1．本章所述的具体风险包括人员配备风险、能力风险、资金风险、预算和合同风险、发起风险、变更准备风险和功效阻滞剂风险。

2．新员工入职培训包应包含项目集愿景的高级概要；工作范围；高级项目集路线图或里程碑时间表；要创建的关键工作产品列表；项目集相关方图谱和相关分析；现场后勤（如安全管理和关键联系信息）；工作标准和工具（包括获得这些工具和基本的"如何使用"指南）；实施方法的高级视图；以及团队的沟通规范和期望。

3．对变更的准备应该覆盖业务变更管理、特定于项目集的变更控制及 IT 变更的技术团队。

4．功效阻滞剂是阻碍完成困难任务的因素。看看一个公司过去做（和不做）困难事情的追踪记录，你就会明白阻碍它的阻滞因素。请注意科布悖论，它告诉我们，除了其他因素，我们还需要强大的项目经理和标准化的项目管理过程。

第 10 章的答案。

1．本章所描述的核心执行过程包括指导和管理工作；实施知识管理；管理质量；继续获取和管理资源；管理和开发团队；管理沟通；应对和管理风险；执行采购活动；管理相关方参与。

2．演练为许多目的服务。它确认了我们对解决方案需求的理解，从而确定工作范围；它迫使我们首先重新验证触发项目集（项目）需求的问题；它迫使我们重新审视我们想要设计、开发和部署去处理这些问题的解决方案；帮助我们让更多团队成员达成共识（假定我们已经完成了更多的招聘工作，随后的演练就要这样做）；开始正式执行之前，演练就如我们通过协作、知识管理、沟通和其他过程进行工作一样，是执行的"软"开始。

3．为了帮助管理风险和执行风险响应计划，可考虑使用四种设计思维方法：发散思维、逆幂律、利用以前的项目集（项目）经验教训和执行预分析。

4．除 Harmony 项目集的三个正式的子项目之外，PMO 可能还需要管理其他几个大型机构的子项目的工作，包括离岸开发工作、测试工作、遗留问题数据转换工作、系统集成工作，以及最终用户解决方案培训和解决方案推出工作。

5．许多因素会影响项目集的有效性或完成困难任务的能力。低效率抢夺了组织自身转型的能力，我们如何做出决策、如何处理问题、如何通过已识别的风险工作、如何沟通等，跟踪这些内容很重要。

第 11 章的答案。

1．除了会议和看板，每周向特定的用户社区广泛发布定期的状态报告，启用发布/订阅功能，以发布用户可能想要或需要的其他类型的报告，当新文档或文件发布到协作站点或对这些文档或文件进行更新时，提醒用户，使关键日历事件可见，并使用协作工具，如 Microsoft Teams 和 Slack。

2．本章概述的五个治理和控制过程包括：范围确认和范围控制、进度和成本控制、质量控制、资源控制和总体绩效控制。

3．本章阐述的 4 个关键监督过程包括沟通、风险、相关方参与和整体工作。

4．因为文化就像其他资源一样，也是一种需要监控的资源，我认为 CMM 子项目的以下领域或因素值得更多关注和监督：

- 监督 CMM 团队如何借鉴或利用其当前的文化。
- 监督团队如何塑造或改变其文化。
- 监督为了足够好地实现 CMM 项目的目标和目的，在多大程度上有意利用了文化差异。
- 确认将个人分配到特定任务的做法与文化差异无关，而是与能力、成熟度和态度有关。
- 如果有人侵犯了他人的权利或制造了不安全的工作环境，确认 CMM 的 PMO 在这种情况下会迅速采取措施解决问题并树立积极的榜样。

第 12 章的答案。

1．CMM 子项目团队能够被证明是有用的，因为它可以被重新用于交付新的第 4 个子项目。通过这种方式，CMM 子项目团队应该能够比新组建的团队更快地交付价值。

2．当前 S4V 子项目团队可以通过迭代来提供价值，或通过为当前解决方案的现有用户社区提升能力来提供价值，通过增加功能来提供价值，或者通过为新用户社区解决现有方案的包容性设计（弥补可用性缺口）来提供价值，通过交付扩展的项目章程内容追求相邻领域或协作创新机会来提供价值，通过设法解决极简主义目标来提供价值，或者通过多基因突变或通过合并再生方法寻找新的价值。

3．对于 CMM 子项目的知识存档，我们首先需要获取最终的经验教训，然后需要确保所有的项目学习积累和知识在知识管理系统中保存下来了，以供他人参考和使用。

4．PMO 作为核心的利益相关方，需要确认的收益管理计划包括的主要内容有：收益最大化计划（以确保扩大、扩展解决方案的收益，或随着时间的推移收益最大化）和利益维护计划［以确保项目集（项目）关闭后解决方案的收益不会消失］。

5．随着项目结束，在人员离开项目之前需要进行的六项活动包括：获取最后的经验教训、提炼项目集（项目）知识并归档、完成并确认所有计划好的工作已经完成、执行剩余的管理任务、获得正式的项目接收签字，以及关闭所有剩余的合同。

设计思维方法
Design Thinking Techniques

实际上存在上百种设计思维方法。本书概述的这些方法是已经被证明对转型项目集（项目）管理有用的，并且已经在书中得到了应用。我们试图围绕项目集（项目）管理的设计思维模型的步骤或构成内容来组织这些方法，但最终一致认为这种方法实际上可能是有限的。相反，每种方法都是按字母顺序排列的。当你回顾这些材料时，想想每种方法在整个设计思维过程（从理解到部署）以及下面所示的项目集（项目）管理生命周期（从开始到结束）中是如何被使用的。

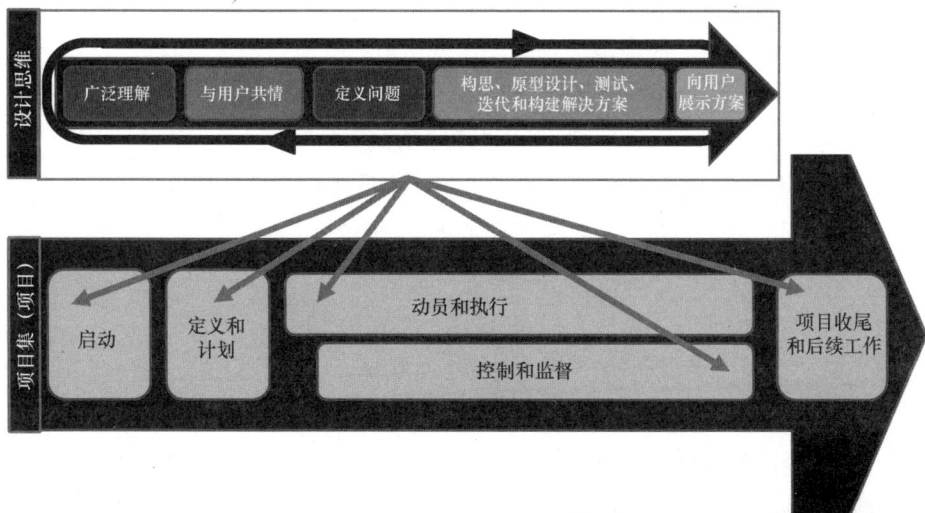

相邻领域（Adjacent Spaces）。当我们在项目集（项目）中进行调整时，考虑如何逐步轻松地进入"空白领域"，或如何逐步轻松地进入围绕当前的流程、方法、工具等的概念上的相邻领域，之所以这样的变化更容易采用或使用，是因为它类似于目前的状况。换句话说，就是利用当前的优势和能力进入（或学习或

采用）相邻领域。这些领域可以是与技术相关的，或者反映新的业务或应用功能的，或者代表新的市场或流程的，等等。

根据时间范围调整战略（Aligning Strategy to Time Horizons）。我们需要考虑今天、短期、中期和长期，认识到长期愿景必须优先实现（这反过来意味着短期愿景需要与当前状况融合成一种新的愿景）。著名的研究表明，中期时间范围可能是最重要的，因为它经常被忽视，却是实现长期目标的组成部分。

文件图（Artifact Chart）。详细说明文档或交付物的主要和次要受众、目标、预期结果，以及文件的类型（严格规范的、一次成型的、长期保存的，或不断更新的）。

反向移植到过去（Backport into the Past）。考虑如何将创新"反向移植"到当前的流程、业务或组织中，以赋予它们新的生命。在已经建立的基础上，以一种能够提供更多时间价值而成本更少和风险更小的方式，更快地走向未来。

退回（Backward Invention）。剥离一些功能（用户不想要的功能或觉得不舒服的功能），以简化设计或简化原型。

平衡偶然与必要（Balance the Accidental with the Essential）。关于想法、设计、界面或交付物的复杂性，重要的是去理解可以移除的复杂性与必要的复杂性，以免想法、设计、界面或交付物失去其价值。

头脑风暴（Brainstorming）。一种关键的构思方法。为了有效地进行头脑风暴，可考虑下面 IDEO 团队的建议（本书在这里简单归纳了一下）：

1. 奠定基础：提出想问的问题，与团队成员分享研究或经验所告诉我们的信息，并让团队成员准备好"抱着好奇心的心态"。

2. 促进头脑风暴过程：考虑从创造性的热身开始，然后进入个人头脑风暴，最后将个人工作提升到团队中，分享想法，并在彼此的基础上进行构建。

3. 随访：通过虚拟团队和社区收集反馈并继续吸收新想法。

逆向头脑风暴（Brainstorming in Reverse）。不要试图回答一个询问或正面思考一个问题，把询问或问题颠倒过来，让团队考虑什么会使事情变得更糟。然后，"翻转"团队的答案，通过回答初始的询问/问题来进行思考（类似于"快艇和锚"练习，用户将"锚"分配给"快艇"，或将问题分配给某种情况）。

好友系统（Buddy System）。让一位新的团队成员与一位资深团队成员在一段时间内（比如新团队成员加入项目集/项目的第一个月）一起配对工作，帮助新员工解答入职过程中遇到的问题，提供背景资料，给新团队成员提供机会来轻松地进入新角色，愉快地适应团队的工作氛围和组织的整体文化。虽然这是团队内部的事，但好友系统与用户跟踪有一些相似之处。

构建中思考（Build to Think）。 这个概念说的是，当我们简单地进场并开始构建或开始其他"行动"时，我们也可以做最好的构思，以改进时间价值来形成解决方案。相反，对于复杂工作来说，"计划中思考"需要更多的时间，并且会将许多学习积累延迟应用到建立解决方案或测试过程中（这样做，变更是昂贵的，欠考虑的设计又会回到绘图板上）。

卡玛分析（CARMA Analysis）。 使用成本和风险模型分析风险权重、可视化、评估架构、人员配置、开发、测试或其他选项，以量化一个选项相对于其他选项的相对可行性。CARMA 将风险因素纳入传统成本计算，使用风险过滤器（选项属性）来增加或减少选项成本。

科布悖论和科布矩阵（Cobb's Paradox and Matrix）。 使用科布悖论（这个悖论说的是，"我们知道为什么项目会失败，我们知道如何防止项目失败，那么为什么项目仍然会失败呢？"）和科布矩阵/调查工具来思考和评估 10 个特别加权的用户中心、项目管理中心和其他相关的因素或领域。

协作创新（Co-Innovation）。 与用户、合作伙伴、团队成员或其他人实时并肩开发解决方案和可交付产品，而不是在反复的定义、构思、原型、演示和测试、再次构思、最终构建解决方案或可交付产品之间来回切换。

协作（Collaboration）。 与他人合作去达成结果的工作方式，与它相对应的方式是以困难或不可能的方式单独执行。要明白没有人能单独把工作做到最好，也没有人能独自解决困难的问题。

众包模式（Crowd Sourcing）。 从一大群人那里收集免费的想法、服务、主意或潜在的解决方案。这是一种超越小团队的大规模协作方式，利用了许多人的思维和能力。

文化评估（Culture Assessment）。 跨多个价值或维度（如文化骰子）或层次（如文化洋葱）评估组织或团队文化的工具或方法。

用户旅程图（Customer Journey Map）。 从开始到结束的各种打卡地的说明，一起描述了用户如何通过它们与产品或服务的交互"流动"（Kelley & Kelley，2013年）。每个打卡地都代表了一个让用户满意或失望的机会。

日常生活分析（Day in the Life Analysis）。 观察或记录单个有代表性的用户的日常活动，以了解他们工作的性质。重复的工作越多，这个分析就越有用。非重复的边界情况通常在 10%～20%。

决策授权图（Decision Authority Map）。发起人、相关方、领导者、主题专家，以及其他被授予决策权的项目集（项目）团队成员的可视化的图谱。

定义问题（Defining the Problem）。设计思维的一个关键步骤是通过调查研究，提出探索性的问题，并运用五个"为什么"来进行的。利用记录相同词汇、故事和其他反映挑战和痛点的用户反馈，然后将问题框定在特定角色和用户旅程图的内容中。运用深度和潜在的发散性思维方法来解决核心问题（或核心问题中的第一个问题）。在理解和定义问题上花点时间是必要的，否则，我们就要为找不准问题而付出白费力气的代价。

演示（Demonstrations）。向其他人（团队成员，特别是用户）展示模型、原型和其他"演示方式"或想法，以达到学习、修正和迭代的目的。

设计心态（Design Mindset）。围绕事物如何运作的心理，注重解决方案而不是注重问题。设计心态需要认知分析和想象的平衡。

设计思维（Design Thinking）。一种"以人为中心的创新方法，借鉴设计师的工具包来整合人的需求、技术的可能性和商务成功的需求"（Brown，n.d.）。

发散思维（Divergent Thinking）。与其试图找到问题的"正确"答案，不如挑战当前的思维（或想法或设计），作为探索周围情况的一种方式。这是一种获得更广泛的理解、定义问题、促进共情和风险考量的有效方法。

多元化设计（Diverse by Design）。带着多元化的思想去开始组建团队。技能和能力的可用性和属地资质要求、地理位置和时区的影响、沟通规范和最低能力，以及无数的文化因素，要考虑这些因素是如何帮助或阻碍创建平衡的和多元化团队的。

边端思维（Edge Case Thinking）。虽然从定义上看，边界情况很少发生，因为它们发生在极端或边界，但尽早思考不可避免的边界情况，有助于洞察那些与大多数人不同的用户对系统和解决方案的思想、行为和消费习惯。从长远来看，这些洞察结果有助于创建更聪明的设计和解决方案。

共情（Empathizing）。设计思维早期的关键环节，包括采取必要的步骤来更深入地了解其他用户、其他人或团队。与"穿别人的鞋子走路"或"戴别人的帽子"同义。

共情图（Empathy Mapping）。通过记录用户的想法和感受、用户的所见所闻或所说所做、用户最大的痛点及最重要的一两个目标，来了解特定角色（同一社区或同一群体的人会表现出类似的活动）的过程。

由已实现的变化而共情（Empathy through Realized Changes）。在设计思维中，团队通常会花时间去与用户共情。然而，在这种情况下，我们看到用户也会与正在帮助用户的团队共情。共情来自已实现的变化和正在见到的真正进步（不管进步有大小）。因此，通过已实现的变化，共情反转了用户/团队来源/目标关系和共情渠道。

反馈循环（Feedback Loop）。这是设计思维的基本方法之一，创建并使用反馈循环，把学习到的知识回头应用到最初的问题、想法、设计、原型、测试等。

五个为什么（Five Why's）。一种重要的方法（也是研究的主要内容），用于发现特定情况、思路、决定和其他事情背后的根本原因。这种方法也帮助我们理解用户的动机、价值和偏见。一遍又一遍地连问五个"为什么"，去超越显而易见的事物表象，探索隐藏的事物实质。

游戏化（Gamification）。将游戏设计技术融入原型、试用或解决方案中，以推动用户参与，刺激新行为，并最终收集（更多或更丰富的）反馈。

指导原则（Guiding Principles）。建立一套简便的基本信念、规则或行为，描述并解释组织或团队应该"如何"运作。

足够好（Good Enough）。从收益递减的角度来看，超越设计、交付物或解决方案的要求不仅是不必要的，而且是非常昂贵的。例如，将可交付产品的质量从95%提高到96%可能使其成本或时间价格翻倍。用普通方法（而不是最佳实践）来交付"足够好"的结果或其他成果。

增长的心态（Growth Mindset）。以一种承认学习成果的方式来运作和思考，需要尝试和行动，也需要失败，而失败是通往成功的重要一步。如果没有能力向那些也在学习、偶尔在自己的知识旅程上失败的人施以恩惠，成长型的心态是不完整的。

编程马拉松（Hackathon）。一个预定的像马拉松跑步冲刺式的协作活动，用于头脑风暴，也更常用于实际的边设计边构建活动。这种活动可能涉及解决方案专家、业务和技术专家、项目经理、界面主题专家和其他专家。

热力图（Heatmap）。一种包含复杂景观的数据或概念的可视化方法，通过使用颜色（或有时用其他识别标记，特别是在包容性设计的背景下）使数据或概念的可视化变得更简单。颜色或其他标记的多样性和层次有助于说明状态或变化，因此有助于将注意力吸引到这些变化上。从第 4 章到第 12 章开头的章节使用的特定内容图是简单的热力图示例。

构思（Ideate）。思考、想象、学习并最终确定问题潜在答案的一般过程或心态。构思可以单独执行，也可以作为更广泛合作的一部分。常见的构思技巧包括头脑风暴、逆向头脑风暴和思维导图。

包容性设计或敏感性设计（Inclusive or Sensitive Design）。考虑用户社区的能力、挑战、文化、价值观、生活方式和偏好，让这些知识来影响我们与谁共情，以及我们如何设计和交付什么。

增加共享身份（Increase Shared Identity）。在人与团队之间寻找或创造共同线索或主题的过程。增加共享身份有助于创建和维持共享愿景，推动更强的协作，以及有意的文化塑造。

创新（Innovate）。识别和捕捉（行动）想法的过程，这些想法存在于商务可行性、人力资源的可取性和可用性，以及技术可行性的交叉点上。

逆幂律（Inverse Power Law）。引入大量的小变化，少量的中变化，而只产生极少量的主变化（就像我们在生物学和自然中观察到的那样，如地震频率或生态系统的变化）。如果变化的频率不能很好地反映这条法则，很可能是我们一次做了太多的变化（这不一定就是好的，但可以保证我们如何计划、思考、准备、执行或以其他方式操作）。

迭代再迭代（Iterate and Iterations）。也许在设计思维中发现的最大价值是在已经构建的基础上构建、完善或迭代，类似于站在巨人的肩膀上达到另一种能力或可用性水平。

经验教训（Lessons Learned）。将学习和反馈融入未来工作的核心设计思维方法。为了使用经验教训，学习体会和知识必须在整个项目集（项目）的过程中（而不是在项目结束时）定期地归纳到经验教训登记册中。

思维导图（Mind Map）。一种探索和广泛理解中心思想的视觉方法，通过把各级思想、属性或依赖关系用相互隶属与相关的层级图表现出来。当我们从中心思想扩展出来时，思维导图揭示了一个分层体系或一套依赖关系，也提示了照亮了中心思想的其他方面。思维导图有助于更好地理解想法、概念、问题、原型特征、潜在解决方案的挑战、相关方关系、可交付成果结构和需求内容。

极简主义（Minimalism）。认为最少的基本物质就足够满足需要的概念。极简主义往往被视为用户社区的一个子集，并不需要所有复杂的用户界面（或文档或计划等）的钟声和口哨声，而是只需要一两个按钮（或一份简报，或一个简单的稻草人，等等）来做他们的工作。

最小化变量（Minimize the Variables）。避免一次改变太多事情的诱惑。你要能够在保留"核心"的同时管理"新"内容。

最小可行产品（Minimum Viable Product，MVP）。向用户交付价值的最低水平的功能或能力，理解 MVP 必须通过额外的迭代继续发展，成为一开始就设想或需要的成熟解决方案。

模型（Mock-Up）。一种为实验和可视化目的而创建的概念性解决方案或设计的简易原型。模型通常是图纸和图表的简单绘制或排列，或者是更大整体的部分复制品，我们使用常用的工具如 Microsoft PowerPoint、Word、Excel 或白板来构建。

模块化思维和构建（Modular Thinking and Building）。无论是设计、原型还是组织结构，其理念都是在模块中构建和深化的，这些模块后来可以重新组合，以创建新的功能、文件或价值。

多基因突变（Mutate on More than One Gene）。在对产品、服务、解决方案或原型进行调整时，要避免只关注单一维度的调整或单一基因的反复突变。相反，把它们混在一起，引入变更（一次一个），使其他基因发生突变。

考虑后续工作（Next Step Thinking）。在项目集（项目）收尾之前，考虑如何使用已组建的团队，使用解决方案和过程，以及使用有效性跟踪记录来交付超出已经交付（或即将交付）的额外价值或新的价值。

模式（Pattern）。对未来工作有指导作用的高级蓝图或设计，一个（标准化的或其他的）模板的概念版本。

角色分析（Persona Analysis）。创建虚构的人物角色（例如"财务用户"、"销售用户"、PMO 用户、特定的文档或文件用户，以及其他此类混合的用户）来代表用户社区的类型或子集，这些用户社区共享共同的需求，并将以类似的方式使用解决方案或可交付产品的特定文件或特性。

试用（Piloting）。提出一个解决方案的早期版本，为了反馈目的和生产用途供（典型的）一部分用户使用。试用版本比原型设计功能上更完善。

归纳（Postmortem）。一种回顾过去以检查和剖析情况或问题是如何产生、如何发展和如何得出结论的实践，也被称为小结，与经验教训同义，尽管归纳的含义通常意味着在项目集（项目）结束时进行一次检查。

预检（Premortems）。归纳或小结的预备版，预检是为了在失败发生之前，有目的地预先考虑什么可能失败或发生，以及为什么会发生。预检包括构建缓解措施或增加用户参与，以避免这些失败发生。预检可以帮助我们识别那种令人惊讶并导致项目集（项目）停工的失败并随后采取避免措施，同时也可帮助我们发现工作中的偏见（认知偏见或群体偏见）。

"不惊讶"原则（Principle of "No Surprises"）。当涉及用户界面、文件、标准文档、状态报告和其他结果时，用户不应该纠结于如何使用、阅读或以其他方式消耗它们。设计应该让人愉悦、直观、清晰，而不是让人惊讶或迷惑。将此方法也应用到沟通中，包括尽早向相关方提出升级的问题和潜在的风险。

深入理解探索（Probing for Understanding）。调查和询问用户和其他人不经思考就无法回答的问题。探索的目标是将一个情况（无论是当前的还是潜在的）弄清楚，以避免以前犯过的错误，并在迷茫中找到一条出路。尽管探究性问题也必须超越那些只会澄清的问题，但通过"为什么"以及类似的问题也要找到对边界的理解。

概念验证（Proof of Concept）。一种有限的原型或练习，用于论证特定的功能集或特性集是与用户需求定向一致的。概念验证练习能够论证可行性。

原型设计（Prototyping）。通过为问题创造解决方案（或部分解决方案）而在"构建中思考"的过程，然后将方案与用户分享，再进行测试和迭代优化（或丢弃）。其理念是快速学习，快速失败，反复迭代，从而在低成本的边失败边学习的同时取得有意义的进步。

快速原型设计（Rapid Prototyping）。快速将潜在解决方案的可视化整合在一起的过程，以确定原型方向上是否准确。例子可以是简单的白板图、PowerPoint动画或基于软件的线框。

组合再生（Regenerating through Combining）。考虑一下我们如何以模块化的方式将新旧事物组合起来，其结果自然是"不那么新颖"，但更容易让用户接受。

复盘（Retrospective）。另一种形式的总结经验教训或从事后领悟的已经证明了的过去事件和情况来进行学习。

规模效益（Scaling for Effectiveness）。想想扩大面前的工作或成果的最佳方式，要么采用高度可重复的复制方式或特许经营方式，要么采用有意差异化的方式或精品店方式。

寂静设计（Silent Design）。通过观察用户（不是设计师）对一种情况或解决方案所做的改变来学习和收集反馈，以提高其部署后的有效性或可用性。

简单规则（Simple Rules）。6 条或更少的规则，用来描述你在团队或组织中的角色。可能包括你做什么和不做什么、结果、优先级和界限、停止参数和启动参数等。

跟随（Shadowing）。跟踪或与用户并肩工作以直接了解他们工作的过程。可以通过记录标准过程或一步一步的指令来扩展跟随活动（并使其更可重复）。

快艇与锚的演练（Speedboat and Anchors Exercise）。逆向头脑风暴的一种方法，在这种方法中，头脑风暴参与者分配问题到一个情况或分配锚到快艇，目的是确定什么原因会减慢快艇的速度。在最初的练习之后，"反转"逻辑来考虑如何移除锚或将它们转换为速度推动者。

相关方图谱和相关方登记册（Stakeholder Map and Register）。相关方图谱是对相关方登记册的可视化或图形化的表现形式，包括与项目集（项目）结果有利害关系的特定人员、角色和群体。相关方图谱/相关方登记册围绕用户、发起人、领导者、合作伙伴及设计、开发、测试、部署和运营解决方案或产品所需的各种团队进行构建，其中包括联系信息、参与日期、权力和影响力评估，以及每个利益相关方的分类和利益。相关方图谱和相关方登记册并不可以完全互换，但它们都反映了类似的数据。

标准化模板（Standardized Template）。一组易于理解的用户以一致认可的和结构化的方式组成的文档。标准化模板用于可重复的目的。使用标准化的模板来构建具有一致性的文件，并确保不会遗漏任何内容。

故事板（Storyboarding）。用来说明过程中的一系列或一组步骤的一套粗略的图形或图画。每个图形都是一个步骤。

讲故事（Story Telling）。一种沟通和变革管理方法，通过将大脑的左脑（逻辑）和右脑（创造性）联合起来，产生情感上的参与和令人难忘的结果。故事能让信息以其他传播媒介无法做到的方式产生共鸣。好的故事能够教育和改变人们，并能改变他们的态度、偏见和思维，最终影响工作氛围和文化。

结构化文本（Structured Text）。使用文字而不是图片，考虑如何使用格式、物理位置、边距和其他空白，用文本增亮显示和颜色来提高易用性，来引申出特别的意义。

三次法则（The Rule of Threes）。原型、新设计、解决方案、可交付产品或其他工作产品很少能在一开始就成功的。设定通常需要三次迭代才能满足的最低需求的期望。

时间节奏（Time Pacing）。解决方案在使用中表现出节奏。了解解决方案使用的高峰和低谷，有助于深思熟虑地安排人员配备和部署变更，并创建最有效（或影响最小）的推出策略。

摒弃传统策略（Tossing out Traditional Strategies）。当发现传统策略不可行或没有出路时引入设计思维。当市场地位没有什么价值时还去启动捍卫市场地位的战略，当市场驱动经济的时机已经到来时，还要加大投资保护现金流，当那些能力已经变得不那么重要时，还要利用核心竞争力，等等。这些传统战略都要摒弃。

广泛理解（Understand Broadly）。广泛理解是项目集（项目）管理的设计思维过程中关键的第一步，它包括评估和了解用户或用户社区经营的更广泛的宏观环境。

用户中心（或以用户为中心或以人为中心）**思想**（User-Centric or User-Centered or Human-Centered Thinking）。这是一个与设计思维同义的通用术语，理解特定环境下用户或用户社区的需求会激发共情，并更好地定义问题和解决问题。

用户参与度指标（User Engagement Metrics）。我们进行共情和测试时（以及之后的部署和操作时），需要跟踪用户，了解吸引用户的程度，并征询用户的意见，看看需要做出哪些调整，才能更好地以用户为中心。

参考文献
References

Aaslaid,K. (2018). *50 Examples of Corporations That Failed to Innovate.* Retrieved from https://valuer.ai/blog/50-examples-of-corporations-that-failed-to-innovate-and-missed-their-chance/.

Alie,S. S. (2015). *Project governance: #1 critical success factor.* Paper presented at PMI® Global Congress 2015—Orlando,FL. Newtown Square,PA: Project Management Institute.

Anderson,G.,Nilson,C.,et al. (2009). *SAP Implementation Unleashed: A Business and Technical Roadmap to Deploying SAP.* Indianapolis: SAMS Publishing.

Anderson,G. (2010). Using CARMA to communicate the value of EA designs,*IASA Perspectives* (Fall 2010).

Anitha,J.,& Begum,F. (2016). Role of organizational culture and employee commitment in employee retention. *ASBM Journal of Management,*9(1),17-28. Retrieved June 27,2019,from https://www.questia.com/library/journal/1P3-3964279081/role-of-organisational-culture-and-employee-commitment.

Ben Mahmoud-Jouini,S.,Midler,C.,& Silberzahn,P. (2016). Contributions of design thinking to project management in an innovation context. *Project Management Journal,*47(2),144-156.

Berman,E. M. (2006). *Performance and productivity in public and nonprofit organizations (2nd ed.).* NY,NY: Routledge.

Brown,T. (n.d.). *Why Design Thinking.* Retrieved May 6,2019,from https://www.ideou.com/pages/design-thinking.

Brown,T. (2019). *Change by Design: How Design Thinking Transforms Organizations and Inspires Innovation.* NY,NY: Harper Business.

Cobb,M. (1995). *Unfinished Voyages.* Presentation at The CHAOS University,sponsored by The Standish Group,Nov 6-9,1995. Chatham,MA.

Flemming,L. (2007). Breakthroughs and the "Long Tail" of Innovation. *Sloan Management Review*. 49(1),69-74 + 93.

Elmansy,R. (2017). *Ideation in Design Thinking: Tools and Methods*. Retrieved June 8,2019,from https://www.designorate.com/ ideation-design-thinking-tools/.

Elmansy,R. (2018). *Why Design Thinking Doesn't Work*. Retrieved June 1,2019,from https://www.designorate.com/why-design-thinking-doesnt-work/.

Forbes. (2011,July). Global Diversity and Inclusion: Fostering Innovation Through a Diverse Workforce. *Forbes Insight Report*. Retrieved April 19,2019,from https://i.forbesimg.com/ forbesinsights/StudyPDFs /Innovation_Through_Diversity.pdf.

Furino,R. (2016). *Getting your Project Team ready to be ready*. Retrieved April 30,2019,from https://www.linkedin.com/pulse/ getting-your-project-team-ready-richard-furino/.

Furino,R. (2016). *Stakeholder Engagement: A very human endeavor*. Paper presented at PMI® North America Congress—San Diego,CA: Project Management Institute (September 25-28).

Gay,B. (2019). *Adoption of Design Thinking*. Retrieved July 5,2019,from https://brucegay.com/2019/04/27/adoption-of-design-thinking/.

Gibbings,M. (2018). Are you outsourcing your change leadership? *Governance Directions*,70(8),506-510.

Goleman,D. (2017). *What Makes a Leader?* Harvard Business Review Classics. Boston,MA: HBR Press.

Graziano,M. (2019). 5 Double-edged sword Philosophies that lead to Destructive Company Culture: Understanding the Barriers to High Performance. *Leadership Excellence*,36(5),33-35. Retrieved July 21,2019,from https://hr.com/.

Greer,L. L.,de Jong,B. A.,Schouten,M. E. & Dannals,J. E. (2018). Why and When Hierarchy Impacts Team Effectiveness: A Meta-Analytic Integration. *Journal of Applied Psychology*,103, 591-613.

Heathfield,S. (2012). *How to Change Your Culture: Organizational Culture Change*. Retrieved August 23,2019,from http://www.execterim.com/pdf/Organizationalculturechange.pdf.

Herold,M.,Kearl S.,Aksut,A.,& Vupasi,M. T. (2019). *Building a Recurring Revenue Management Solution in Dynamics 365: A Design Thinking Approach*. Paper presented at Winter Ready,Feb 11-15,Seattle,WA.

Kahneman,D. (2011). *Thinking,Fast and Slow*. NY,NY: Farrar,Straus and Giroux.

Kaushik,S. (2015). *Project Management using Design Thinking*. Retrieved June 22,2019,from https://www.slideshare.net/ saurabhkaushikin/design-thinking-introduction-47596844.

Kelley,D.,& Kelley,T. (2013). *Creative Confidence: Unleashing the Creative Potential within us All*. NY,NY: Crown Business.

Nadella,S. (2017). *Hit Refresh: The Quest to Rediscover Microsoft's Soul and Imagine a Better Future for Everyone*. NY,NY: Harper Collins.

Patnaik,D. (2012). *Innovation Starts with Empathy*. Retrieved May 20,2018,from http://www.jumpassociates.com/learning-posts/innovation-starts-with-empathy/.

Petrone,P. (2017). *The Most Common Mistakes Leaders Make When Communicating Change*. Retrieved April 21,2019,from https://learning.linkedin.com/blog/ learning-tips/the-most-common-mistakes-leaders-make-handling-change.

Pink,D. H. (2009). *Drive: The Surprising Truth About What Motivates Us*. NY,NY: Riverhead Hardcover.

Project Management Institute. (2017). *A Guide to the Project Management Body of Knowledge (PMBOK® Guide)—Sixth Edition*. Newtown Square,PA: Author.

Project Management Institute. (2019). *Program Management Professional (PgMP) Handbook*. Newtown Square,PA: Author.

Rittel,Horst W. J.; Webber,Melvin M. (1973). Dilemmas in a General Theory of Planning. *Policy Sciences*. 4 (2): 155–169.

Schein,E. H. (2010). *Organizational Culture and Leadership*. NY,NY: Jossey-Bass.

Tyler,C. F. (2019). The Rise Of Empathetic Leadership. *Leadership Excellence,36*(5),8-9.

反侵权盗版声明

电子工业出版社依法对本作品享有专有出版权。任何未经权利人书面许可，复制、销售或通过信息网络传播本作品的行为；歪曲、篡改、剽窃本作品的行为，均违反《中华人民共和国著作权法》，其行为人应承担相应的民事责任和行政责任，构成犯罪的，将被依法追究刑事责任。

为了维护市场秩序，保护权利人的合法权益，我社将依法查处和打击侵权盗版的单位和个人。欢迎社会各界人士积极举报侵权盗版行为，本社将奖励举报有功人员，并保证举报人的信息不被泄露。

举报电话：（010）88254396；（010）88258888

传　　真：（010）88254397

E-mail：　dbqq@phei.com.cn

通信地址：北京市万寿路 173 信箱

　　　　　电子工业出版社总编办公室

邮　　编：100036